Zur Herleitung musikalischer Bedeutung
und musikalischer Ethik

Rolf Bader

Zur Herleitung musikalischer Bedeutung und musikalischer Ethik

PETER LANG
Frankfurt am Main · Berlin · Bern · Bruxelles · New York · Oxford · Wien

Bibliografische Information der Deutschen Nationalbibliothek
Die Deutsche Nationalbibliothek verzeichnet diese Publikation in
der Deutschen Nationalbibliografie; detaillierte bibliografische
Daten sind im Internet über <http://www.d-nb.de> abrufbar.

Umschlagabbildung:
Rolf Bader

ISBN-10: 3-631-55645-4
ISBN-13: 978-3-631-55645-0
© Peter Lang GmbH
Europäischer Verlag der Wissenschaften
Frankfurt am Main 2007
Alle Rechte vorbehalten.

Das Werk einschließlich aller seiner Teile ist urheberrechtlich
geschützt. Jede Verwertung außerhalb der engen Grenzen des
Urheberrechtsgesetzes ist ohne Zustimmung des Verlages
unzulässig und strafbar. Das gilt insbesondere für
Vervielfältigungen, Übersetzungen, Mikroverfilmungen und die
Einspeicherung und Verarbeitung in elektronischen Systemen.

www.peterlang.de

Inhalt

I Einleitung — 7

II Die Theorie des Satzes vom Grund — 15
  § 1 Das *regendum ratione* — 17
    a) Die positive *ratione* — 17
    b) Das *nihil* als Substanz — 23
    c) Folgendes — 26
  § 2 Der Satz vom Grund als Grundlage der Musik — 32
    a) Das Gründen als Musik — 32
    b) Musik als Flow — 34
    c) Das Gründen von Musik — 39
    d) Klang und Rhythmus — 42
    e) Farbigkeit und Musik in Raum und Zeit — 46
    f) musikalische Stille — 48
  § 3 Musikalische Ethik — 50

III Das Gründen in der Philosophiegeschichte — 55
  § 1 Mimesis — 57
    a) Die Mimesis musikalischer Akustik — 57
    b) Mimesis als *regendum ratione* — 60
  § 2 Phänomenologie — 61
    a) Phänomenologie als Bedeutung — 61
    b) Phänomenologische Wesensschau als *regere* — 65
  § 3 Die Empfindungsästhetik Theodor Lipps — 69
    a) Die Ästhetik Theodor Lipps — 69
    b) Bewußtsein als *nihil* — 73
  § 4 Dialektik — 75
    a) Dialektik — 75
    b) Das ethos als Satz vom Grund in seiner ersten Lesart — 78
  § 5 Immanuel Kant — 81
    a) Die Erkenntnistheorie Kants — 81
    b) Der Satz vom Grund als Erkenntnistheorie — 82

Anmerkungen — 85

Literatur — 97

I

Einleitung

Nihil est sine regendum ratione.

Nichts ist ohne zureichenden Grund. Dieser Satz, der von Leibnitz als grundlegend für eine relativistische Philosophie beschrieben wurde, eine Philosophie also, die auf Grund von Begründungen, also Verhältnissen die Dinge der Welt beschreibt, dieser Satz bildet das Fundament dieser Abhandlung. Es ist eine Abhandlung über die Bedeutungslehre von Musik. Es wird sich herausstellen, daß die gebräuchlichsten Lehren musikalischer Bedeutung, die der Mimesis, der Phänomenologie, der Experimentalpsychologie, der Ästhetik, der Erkenntnistheorie, auch der Begriff des Strukturalismus oder des mythischen Gehalts von diesem Satz abhängen, ja ihn als Kern haben. Dieser Kern ist aber mehr als nur eine allgemeine Grundlage, die so wage ist, daß damit doch nichts gesagt wäre. Kern meint hier das Wesentliche, das Bestimmende dieser Theorien und Anschauungen. Es handelt sich bei diesem Buch also auch um die Bestimmung der Gleichartigkeit der Anschauungen der Beziehungen von Musik und deren Bedeutung.

Warum beschäftigen wir uns hier und heute mit diesen Fragen? Die Hungersnöte, die Umweltzerstörung, die Überbevölkerung, die Kriege und Demütigungen, die Regierungen und Einzelpersonen einander antun, all das sollte unsere Aufmerksamkeit in Anspruch nehmen. Doch wie kann ein Einzelner seinen Beitrag zum Frieden in der Welt leisten? Wie kann er, ohne Macht und Einfluß, doch den Lauf der Dinge verändern? Die Antwort liegt offen zutage, jeder, als Teil dieser Welt, macht die Welt friedlich, indem er selbst in Frieden lebt. Dann, und erst dann, kann er als Beispiel und im Miteinander in die Welt wirken. Wie anders kann ein Mensch handeln, der nicht in Politik und Wirtschaft tätig ist. Dies nun gerade ist der Grund für die Beschäftigung mit der Bedeutung von Musik und deren Grundlage im *regendum ratione*.

Es geht hier also zuerst um die Feststellung, daß die bekannten Methoden des Auffindens der Bedeutung von Musik alle eine gemeinsame Basis haben. Dann aber ist diese Basis von Wichtigkeit. Die Beziehung im *ratione*, also im Grund und der Begründung wird die einzige Möglichkeit sein, zwischen Gut und Böse, zwischen Richtig und Falsch zu unterscheiden. Diese Unterscheidung erst ermöglicht es, in der Welt zu leben. Die Entscheidung, ob mein Handeln richtig oder falsch ist, ist nötig, um überhaupt handeln zu können. Diese Entscheidung ermöglicht das Miteinander der Menschen ebenso, wie der persönliche Umgang mit sich selbst. Ohne diese Entscheidung ist ein Leben nicht möglich. Die Wahrheit und Richtigkeit meiner Entscheidung kann ich erst im Anschluß an mein Handeln beurteilen. Hier aber kann ich nur lernen, einen Entschluß, den ich für richtig gehalten habe, zu überdenken. Ich kann in meinem Leben entscheiden, ob ich eine Tat bei wiederholter Situation noch ein zweites Mal in derselben Weise tun würde.

Diese Entscheidung ist in der Musik in jedem Augenblick zu fällen, egal ob ich Musik mache oder Musik höre. Ich muß mich entscheiden, welche Musik ich höre, ich entscheide mich, welche Musik ich spielen will. Ich entscheide mich auch, wie ich diese Musik höre oder spiele. Die Entwicklung einer Strategie, Musik in meinem Leben anzuwenden, entwickelt sich mit meiner Rezeption von Musik. Diese Rezeption ist geprägt von Erfahrungen, die zu weiteren Entscheidungen über den Gebrauch von Musik führen. Diese Rezeption kann durch reines Hören von Gefallen und Mißfallen erfolgen. Sie kann aber auch durch die theoretische Beschäftigung mit Musik meiner musikalischen Erfahrung neue Horizonte eröffnen. In allen Fällen ist Musik mein Leben in dem Augenblick des Hörens. Es kann mein ganzes Leben sein, wenn ich mich vollständig darauf konzentriere, es kann Teil meines Lebens sein, wenn ich Musik im Hintergrund höre. Sie kann Teil meiner Weltanschauung sein, Teil meiner Arbeit an mir selbst, ich kann zu ihr tanzen, singen oder ein Instrument spielen. Jedes Mal aber besteht ein Verhältnis zwischen der Musik und meinem Tun, Leben, Erleben. Dieses Verhältnis ist begründet. Es ist *rational*, es ist zurückgeführt auf die Musik.

Diese Zurückführung ist der Kern der Bedeutungslehren. Sie ist die Gleichheit von Struktur und Handlung. Diese Zurückführung läßt mich Musik sein, in ihr erkenne ich mich als Musik, in ihr bin ich und Musik eins, da ich die Musik gewählt habe. Dieser Umgang mit Musik ist nicht nur in konzentrierten Augenblicken gegeben. Er ist die *conditio sine qua non*, denn *Nihil est sine regendum ratio*. Die Macht dieser Feststellung liegt in seiner Wörtlichkeit. Der Satz ist so gemeint, wie er dort steht, in seiner mathematischen Exaktheit. Darum ist die Beschäftigung mit ihm keine beliebige. Es soll gezeigt werden, daß an ihm und durch ihn die Verhältnisse zwischen Musik und deren Bedeutung *unbedingt* und damit *frei* sind. Die Freiheit ergibt sich durch deren Bedingungslosigkeit. Der existentielle Rahmen dieser Feststellung erst ermöglicht die Freiheit der Musik und damit meines Umgangs mit ihr. Ohne ihn gäbe es in der Musik keine Bedeutung, da ich wählen könnte, ob Musik eine Bedeutung haben soll, oder nicht. Dies aber führte zu einer bedingten Bedeutung, welche an Individuen gebunden ist. Obwohl Musik in dieser Weise gedeutet werden kann, ist diese Art der Bedeutung keine freie. Frei erst ist diese Bedeutungsgebung, wenn ich selbst keine Entscheidungsgewalt über den Bedeutungscharakter der Musik habe. Dann ist musizieren möglich auf einem gesetzten Boden, auf einem *regendum ratione*.

Die Bedeutungsgebung von Musik ist in den letzten Jahren durch Begriffe wie Semiotik, Semantik, Mimesis o.ä. erklärt worden. All diese Begriffe, so richtig sie sind, bleiben die Frage nach dem Wie schuldig. Wie ist Mimesis möglich? Wie kann Musik einen semantischen Gehalt haben. Die Antworten liegen auf der Hand. Erst wenn ich diese Antworten besitze bin ich frei. Ich kann selbst feststellen, welche Bedeutung Musik hat. Ich kann es sehen, hören, erfühlen, erkennen, erdichten, wieder zu Musik machen, es malen, riechen, es erleben, zu einem Teil meines Lebens machen, anderen beibringen. Vorher ist alles Meinung. Im Rahmen des *regendum* aber ist alles Gewißheit, eine Gewißheit, die jeder ausübende Musiker jederzeit haben muß, will er Musik interpretieren.

Musik ist nach Regeln geordnet. Diese Regeln sind so viele und so mannigfaltige, daß ich als Musiker, kenne ich diese Regeln, beherrsche ich sie, erst zu einem Spiel gelangen kann, das den Namen Musik verdient. Von einigen Musikern wird behauptet, sie spielten nicht *musikalisch*. Sie spielen Musik, aber nicht musikalisch! Was damit gemeint ist, ist das fehlende Wissen und Fühlen des Zusammenhangs zwischen Musik und deren Bedeutung. So wird gespielt, aber ohne Bedeutung, nur einfach die Noten werden abgespielt, ohne *Sinn und Verstand*. Dieses Spielen ohne Musikalisches meint nicht die Aufhebung des Grundes und des *regendum* auf diesen Grund. Denn dann könnte uns die Unmusikalität gar nicht auffallen. Erst die Verletzung der Regeln der Zurückführungen von Musik auf Bedeutung läßt zwei Bedeutungen gleichzeitig erklingen. Einmal die Bedeutung des musikalischen Satzes, dann aber auch die Bedeutung, die der Spieler fälschlicherweise diesem

Satz gegeben hat. Diese zweite Bedeutung ist ebenfalls in der Musik, durch falsches Tempo, falsche Phrasierung, falsche Akzentuierung usw. Auch diese Bedeutung ist nicht wegzudenken, sie ist auf ihrer *ratio* gegründet. Unmusikalisch ist nur die offenbare Regelverletzung des Spielers, indem er in der Feingestaltung der Musik eine andere Bedeutung benutzt.

So ist die Bedeutungslehre eine Ethik. Ethik beschreibt einen Wirkungszusammenhang. Musik ist gleichzeitig eine Bedeutung. Diese Bedeutung kann im Rahmen meiner Lebenswelt nützlich oder schädlich sein. Auch wenn mir natürlich die Entscheidung darüber, welche Musik ich wann hören oder spielen will, weiterhin selbst überlassen bleibt, und kein moralischer Zeigefinger mich auf diesem Weg zu weisen hat, ist doch das Produkt meiner Aktivität oder Passivität durch diese bestimmt. Ich kann ein System erkennen, wie Musik mit ihrer Bedeutung zusammenkommt. Aufgrund der Kenntnis dieses Systems bestimme ich den Ablauf der Ereignisse, die Musik, sowie die Lebenssituation. Das Unerwartete ist immer das von außen kommende. Ich müßte die Welt kennen, wollte ich alles vorhersehen. Doch die Gesetze, nach denen Musik und deren Bedeutung verknüpft sind, sind oft recht einfach. Es genügt in manchen Fällen, ihnen zu vertrauen. In anderen Fällen allerdings muß ich über die Musikgeschichte, über die soziale Gruppe, in der ich spiele, über Musiktheorie, Musikethnologie, Musikpsychologie usw. Bescheid wissen, um der Situation gerecht werden zu können.

Die Handlung innerhalb des Systems Musik nun ist eine momentane. Ich bin der Handelnde im Augenblick. Mir muß die Situation in ihrer Gänze momentan klar sein. Ich habe keine Zeit zu reflektieren und mich nach dem Ergebnis dieser Reflexion zu richten. Ich muß jetzt handeln. Das momentane Erfassen der Situation nun, ein Gefühl für Stilsicherheit, für Musikalität oder musikalische Bewegung in der sozialen Gruppe, im Konzert, auf der Straße, beim Musikhören zu Hause kann nur gelingen, wenn ich mich über Jahre und Jahrzehnte mit dem Thema der Musik, Musikalität, Musiktheorie ect. befaßt habe. Dies wiederum in Reflexion und durch Fühlen. Habe ich diesen Hintergrund des Wissens von und über Musik nicht, dann erscheint mir Musik, die ich nicht kenne als eintönig. Ich höre das Immergleiche, ich verstehe die Musik nicht. Dies geht Eltern bei der Musik ihrer Kinder so, dies geht Menschen einer ethnischen Gruppe, z.B. Europäern so, wenn sie Musik einer anderen ethnischen Gruppe, z.b. Afrikanern hören, dies geht oft auch Interpreten so, die die neuesten Kompositionen heutiger Komponisten erst spielen, lernen, verstehen müssen, bevor sie sie adäquat spielen können.

Erst die gewissenhafte und genaue Beschäftigung mit Musik läßt uns ihre Bedeutung erfassen, erst dann kann Musik genossen werden. Sie spielt erst dann eine Rolle im Leben des Hörers, denn vorher wird sie als fremd und gleichförmig, sinnlos begriffen. Zu diesem Begreifen gehört aber nicht nur ein Begreifen der Kultur, aus der diese Musik stammt. Dazu gehört ebenso ein Verständnis der innermusikalischen Strukturen, Intervalle, Akkorde, Rhythmen. Ohne ein Verständnis des Klangs von Musik, dessen Möglichkeiten und Realitäten, ist Musik nicht ganz verstanden, es herrscht kein selbstständiger Umgang mit dieser Musik.

Das Fehlen dieser Selbständigkeit ist schade. Die Möglichkeiten, in Musik deren Bedeutung zu erfassen, ebenfalls momentan die Musik zu verstehen, ist die Voraussetzung für ein genußreiches Hören, ist Bedingung dafür, daß Musik mir etwas bedeutet. Ich verstehe Musik nicht aus Gründen des Selbstzwecks, ich verstehe sie, weil ihre Bedeutung an meinem Leben rüttelt. Das Einssein von Musik mit ihrer Bedeutung führt dazu, daß ich beim Hören Lebenserfahrung, Lebenskonzepte, Ideen, ja ganze philosophische Strukturen vermittelt bekomme, die ich in mein Leben integrieren kann, nach denen ich leben kann, mit denen ich mich aber auch auseinander setzten kann. Die Art der Beschäftigung mit Musik steht mir frei. Doch ist Musik, unmittelbarer als vieles andere, ein Weg, die Bedeutung der Welt zu fassen und zu vermitteln.

Das In-der-Musik-Sein ist Vorraussetzung für dieses Verstehen. Ich muß mich konzentrieren, ich muß zuhören. Im Zu-Hören, im An-Hören kommt der Begriff ans Licht. Es ist dieses Zu, dieses An, das Musik erklärt. Mein Einfühlen ist mein Begreifen der Musik im Rahmen der geistigen Bildung, des geistigen Horizonts, den ich habe. Die Vor-Bildung ist es, was mir den Horizont eröffnet. Ohne dieses Wissen, die Erfahrung und die Neigungen, die damit verbunden sind, kann ich Musik, die diesen Horizont hat, nicht begreifen. Ergriffen kann ich von ihr wohl sein und muß es sein im Augenblick, in dem ich der Musik zuhöre. Denn dann bin ich von der Musik ergriffen, sie hat von meinem Erleben und Verstehen Besitz ergriffen. Die Größe aber, die manche Musik beinhaltet, die mich in eine Welt versetzt, die vielleicht noch nicht meinem Horizont entspricht, kann mich aber auch überwältigen. Ich habe in der Musik Welten erlebt, die ich noch nicht fassen kann. So muß mit Musik auch vorsichtig umgegangen werden. Es ist nicht beliebig, was wir hören, wenn wir zuhören, denn die Musik bildet in uns Strukturen und Gedanken, die wir in uns kennen lernen, die wir verarbeiten, die uns so bilden. Musik ist so aber auch eine Chance. Denn Musik ist eine Welt, die niemand zerstören kann. Sie gehört niemandem und niemand kann Herrschaft über sie ausüben. Selbst wenn die Tonträger mit bestimmter Musik vernichtet würden und die Noten verbrannt, so existiert die Musik immer noch in den Köpfen der Menschen. Und selbst wenn diese die Musik vergessen würden, könnte sie wieder erfunden werden. Es gibt ja die Möglichkeit, diese Musik zu erfinden, sie in seinem Geist zu formen, zu hören. Damit schon ist sie existent, in ihrer schieren Möglichkeit. Die Materielosigkeit von Musik kann Alternativen anbieten zu der materialen Welt um mich herum. Die Sprengkraft von Musik als Protest, die Gefahr von Liedern und Melodien ist Teil ihrer Freiheit.

Diese Freiheit ist auf Gesetzen gebaut, wie oben bereits erwähnt. Diese Gesetze sind universell. Sie gelten für alle Musik zu allen Zeiten an allen Orten für alle Kulturen. So, und nur so, ist es möglich, die Musik der Griechen oder Sumerer, die Musik des alten China, mittelalterliche Choräle, die Musik Bachs, indonesischen Ska oder amerikanischen Rock zu verstehen. Eine Kommunikation zwischen Kulturen, und somit auch zwischen Menschen wäre ohne die Universalien von Musik nicht möglich. Die Mißverständnisse, die sich aber noch immer ergeben sind jedoch kein Gegenbeweis der Universalien, sie sind Ausdruck der mangelnden Beschäftigung, des mangelnden Einfühlens in die Musik. Musik muß man erst kennenlernen, um sie zu verstehen.

II

Die Theorie des Satzes vom Grund

§ 1 Das *regendum ratione*

a) Die positive *ratione*

Nihil est sine regendum ratione. Diese als 'Satz von Grund' bekannte Feststellung wird gemeinhin mit 'Nichts ist ohne zureichenden Grund' übersetzt. Diese Übersetzung ist gebräuchlich, da *ratione* der Grund, und *regere* 'hinübertragen', 'überbringen' heißt. Wir wollen uns dieser Übersetzung anschließen. Die Ratio ist der Grund, auf den zurückgegriffen wird. Das Zurückgreifen ist ein sich besinnen auf den Grund, ist die Begründung. Der Grund ist dort, wo er sich befindet undefiniert. Erst ein weiteres Begründen dieses Grundes wird seinen Grund zu Tage fördern, wird wiederum ihn begründen. So kann eine Begründungskette entstehen. Diese Begründungskette kann sich schließen, sie kann sich auch als infiniter Regress erweisen, sie kann abgebrochen werden oder wirklich zu Ende kommen.[1] Dies alles ist in dem Satz vom Grund nicht gesagt. Er spricht nur vom Begründen, davon, daß auf einen Grund zurückgegriffen wird.

Der Satz schließt nun zuerst einmal aus, daß es etwas gibt, was keinen Grund hat, keinen Boden, nicht begründet werden kann, was in der Luft hängt und ohne Beziehung zu anderen Dingen ist. Davon allerdings gibt es eine Ausnahme. Der Satz, den wir hier als Definition, einer mathematischen Gleichung adäquat nehmen wollen, kann auch anders gelesen werden. Diese zweite Lesart - welche nicht die letzte bleiben wird - widerspricht der ersten nicht. Denn wie in einer mathematischen Gleichung sagt der Satz eben, was er sagt. Die zweite Lesart bezieht sich auf das *Nihil*, das Nichts. Wird das Nichts als Substanz begriffen heißt der Satz: '*Das Nichts* ist ohne zureichenden Grund.' Es gibt also eines, das ohne Grund existiert, unbegründet, nämlich *das Nichts*. Dies näher auszuführen würde den Gang unserer Überlegung verzögern. Denn Musik ist etwas, sie ist nicht Nichts. Das Nichts aber schleicht sich in Form des Chaos in die Musik. Da unsere weitere Betrachtung des Satzes vom Grund die zweite Lesart erst einmal beiseite lassen kann, wird sie erst im Abschnitt b) weitergeführt werden.

Nihil est sine regendum ratione. Jedes Wort dieses Satzes birgt eine Bedeutung, die genauer nicht sein könnte. Sie zu erkennen müssen wir genau schauen. *Ratione* heißt Grund. Nicht mehr und nicht weniger. Der Grund kann auf vielerlei Art verstanden werden. Ein mathematischer Schluß, den ich ziehe, ein ethnologischer Befund, den ich auf kulturelle, ökonomische, politische Ursachen, *Gründe* zurückführe, sind Begründungen. Der Grund kann ein Gesetz sein, er kann eine materielle, ideelle Begebenheit oder Gegebenheit sein. In jedem Fall aber führe ich das, was ich beschreiben will auf diese Ursache zurück. Ich erkenne einen Zusammenhang zwischen dem, was ich sehe und dem Grund, warum es da ist. Dieser Zusammenhang ist logisch. Die Grundlegung, das Zurückführen auf den Grund, also das Aufzeigen des Grundes der beobachteten Tatsache schließt in sich, daß dieser Grund der eben gefundene ist. Beide, Gegebendes und Grund sind logisch miteinander verknüpft. Es existiert ein Zusammenhang, die Begründung. Der Satz vom Grund definiert nicht die Logik als Begründungsursache, er sagt nur, daß nichts ist, ohne einen zureichenden Grund. Wenn wir das bejahen, dann bejahen wir auch den Zusammenhang, die Logik. Diese Logik aber bezeichnet die Gleichheit des Gegebenen mit dem Grund.

Die Gleichheit heißt nicht ein und dasselbe. Gleichheit heißt, daß das Gegebene der Grund ist, nur eben der gegebene Grund. Wir wollen den Satz als den lesen, der er ist. Aus ihm geht nicht etwa hervor, daß das Gegebene als Folge des Grundes Eigenschaften hat, die dem Grunde nicht zukommen. Hier wird nicht von einer Entwicklung gesprochen, von einem Anderssein oder von Ungleichheit. Es wird gesagt, daß nichts ist, ohne zureichenden Grund. Zwei plus zwei ist vier. Der Grund hierfür ist die Gleichheit von zwei plus zwei und vier. Die Aufgabe, das Gegebene also, ist zwei plus zwei. Hinter dieser Rechnung setzen wir ein Gleichheitszeichen. Dahinter steht als Ergebnis die vier. Warum aber ist zwei plus zwei vier? Wie kann dieser Satz begründet werden? Die Zurückführung auf eins plus eins gleich zwei löst das Problem nicht, denn dann müßte dieser Satz begründet werden. Hier spricht die Mathematik von einem Axiom, also einer Annahme, die nicht weiter begründet werden kann. Eine Aussage, die bei unserem Satz vom Grund nur für das Nichts reserviert ist. Alles andere besteht mit und als Grund. Es kann kein Axiom geben, das einfach angenommen, vorausgesetzt wird, unbegründet. Was also ist der Grund der Rechnung zwei plus zwei gleich vier oder eins plus eins gleich zwei? Er liegt in sich selbst verborgen und tritt zu Tage, wenn wir den Satz vom Grund genau lesen. Die *Ratio*, also der Grund hat die Eigenschaft des *regendum*, des Zureichens, er reicht zu. Die Zahl vier ist der Grund. Sie reicht das zwei plus zwei zu. Dies besagt das Gleichheitszeichen. Es gesteht aus zwei waagrechten Strichen. Dies kommt uns nicht nur als ein beliebiges Zeichen vor. Das Mal-Zeichen z.B., der Punkt oder das Kreuz, wäre für die Bezeichnung des 'Gleich' ungeeignet. Das Gleichzeichen verbindet die beiden Seiten, bezeichnet, daß die Waage zwischen ihnen horizontal liegt, daß beide Seiten gleich sind, auf gleicher Höhe, daß die eine die andere zureichen kann, ohne etwas hinzunehmen oder wegnehmen zu müssen. Das eine ist der zureichende Grund des anderen. So ist auch zwei plus zwei der zureichende Grund für vier. Das System ist in sich geschlossen. Das Gleichheitszeichen ist das zureichende Gründen. Es ist rechts zu links symmetrisch. Es steht aber nicht senkrecht zwischen den beiden Gegebenheiten oder den beiden Gründen, es liegt zwischen ihnen. Es bezeichnet nicht ihren Abstand, sondern ihr Gleichsein.

Dieses Gleichsein aber muß jedes Gegebene, jedes Sein, jedes *est* haben. *Nihil est sine regendum ratione.* Das Ist im Satz vom Grund beschreibt das Gegebene, aber auch das noch Verborgene. Es handelt sich hier um alles, was ist, mit Ausnahme des Nichts selbst, was wir schon angedeutet haben und unten weiter erläutern wollen. Doch alles, was ist, so können wir den Satz auch lesen, hat einen zureichenden Grund. Dies bedeutet auch, daß der Grund an sich einen Grund haben muß. Bisher besprachen wir Gegebenheiten als Vorliegendes, eine Zahl, ein musikalisches, politisches Ereignis usw. Die Begründung selbst aber ist ein Abstractum, etwas Nicht-Dingliches. Auch dieses Abstractum ist. Es muß laut diesem Satz auch einen zureichenden Grund haben. Was aber kann der Satz vom Grund, der so grundlegend ist, für einen Grund haben, der ihn zureicht. Mit was könnten wir den Satz vom Grund gleichsetzen, was könnte auf der anderen Seite des Gleichheitszeichens stehen. Wir fragen also nach nichts anderem, als ob dieser Satz wahr ist. Ist er wahr, dann ist damit ein unumstößliches Fundament gegeben. Der Satz vom Grund wäre eine Heimat, die allgemein wäre, auf der aber verläßliche Aussagen getroffen werden können.

Die Antwort ist im Satz vom Grund selbst zu finden. Sie ist das *sine*, das ohne. Ohne bezeichnet eine Abwesenheit, etwas, das nicht da ist. Dieses Da-Sein ist aber bei dem Satz vom Grund, der nicht von lokalen oder momentanen Gegebenheiten spricht, sondern ganz allgemein gelten soll, dieses Da-Sein muß hier mit Existieren gleichgesetzt werden. Ist etwas nicht da, im Rahmen von allem, was ist, dann ist es nicht. Es ist nicht da, weil es nicht existiert. *Nihil est sine regendum ratione*. Nichts ist *ohne* zureichenden Grund bedeutet, daß alles, was ist *und sein kann* dem Satz vom Grund untersteht. Die Begründung des Satzes vom Grund also ist die Existenz selbst. Bejahe ich die Existenz von irgend etwas, so muß ich den Satz vom Grund annehmen. Das Da-Sein von auch nur einem, vom Subjekt, vom Ich, von der Psyche, von Gott, auch nur von dem Computer vor mir genügt, um den Satz vom Grund zu begründen, zu beweisen. Es ist hier ein Satz gefunden, der in sich schlüssig und ohne Widersprüche ist, der alles umfaßt und der alles, was ist, und alles was nicht ist, das Nichts nämlich, umfaßt und beschreibt. Es handelt sich um ein System von Begründungen, von Gründen und Zusammenhängen. Diese Begründungen sind alle darauf aufgebaut, daß es eine Gleichheit zwischen dem Vorliegenden und dem Grund gibt. Dieses System aber ist ein vernetztes System von allem, was existiert, inklusive dem, was nicht ist, dem Nichts, wie wir noch zu zeigen haben. *Nihil est sine regendum ratione* beschreibt das All in allem, begründet untereinander und in sich vollständig und geschlossen. Der Beweis von nur einem Existierenden auf den Satz vom Grund erlaubt und fordert das geschlossene System von Einheit und Gleichheit.

Der Satz vom Grund spricht von der Gleichheit. Diese Gleichheit ist begründet, sie ist Begründung. Dies weiter zu beleuchten ist wichtig. Es gilt hier Licht ins Dunkel der Begründung an sich zu geben, damit die Begründung als Begründung als Gleichheit begriffen werden kann. Der Satz vom Grund spricht auch davon. Er sagt, daß 'Nichts ist ohne zureichenden Grund'. Das zureichend ist das Gleichheitszeichen. Der Grund ist die Begründung. Dieser Grund ist auf beiden Seiten des Gleichheitszeichens zu finden. Zwei plus zwei ist gleich vier. Die Vier ist der Grund des Zwei plus Zwei und umgekehrt das Zwei plus Zwei der Grund für das Vier. Dies ist ausgedrückt durch das Gleichheitszeichen selber, welches nicht eine, sondern zwei waagrechte Linien ausmacht. Das 'Grund' ist im Zureichen definiert. Und doch ist das 'Grund' teil der Aussage des Satzes vom Grund. Es heißt nicht 'Nichts ist ohne Zureichendes'. Es gibt in der Gründung ein eigenes Gleiches. Dieses Gleiche erhebt sich über das Zureichen. Es besteht aus Zureichen und ist doch ein Eigenes. Dieses Eigene ist ein Gleichsein. Das Gleichheitszeichen, das *regendum*, ist die Gleichung als Akt. Der Grund ist die Gleichheit als Gleichsein. Dieses Gleichsein ist Gleicheit in sich selbst, ist Gleichheit in sich. Der Satz vom Grund heißt also auch 'Nichts ist ohne vergleichende Gleichheit'. Das *regendum* als Gleichheitszeichen vergleicht. Es vergleicht die Gleichheit. Der Satz vom Grund ist Harmonie. Er sagt, daß es nichts gibt, was nicht in Vergleichung mit anderem Gleichheit findet.

Der Grund als Gleichheit ist schön. Er hat seine eigene Dynamik, sein eigenes Leben, seine eigene Welt. Diese Gleichheit ist dankbar und liebevoll. Diese Dankbarkeit gründet sich auf der Gleichheit. Dankbarkeit ist in sich die Gleichheit, die des Liebens bedarf, des Liebens als Erkennen der Gleichheit, Gleichheit als Grundlage der Liebe. Der Grund ist die Gleichheit als Gleichheit. Er wird gefunden zwischen zwei verschiedenen, die miteinander verglichen werden. So wird erkannt, daß die beiden Seiten gleich sind, in der Vergleichung. Liegt eine Ungleichung vor, dann wird doch eine gewisse Gleichheit vorausgesetzt, nämlich die der Vergleichbarkeit im Sinne der gleichen Art. Äpfel kann man nicht mit Birnen vergleichen, zwei Äpfel plus zwei Äpfel sind nicht vier Birnen. Aber es sind mehr Äpfel als kein Apfel. Die Gleichheit findet sich im Vergleich von Äpfeln mit Äpfeln.

Der Satz vom Grund spricht also noch nicht von einem System von Begründungszusammenhängen. Er spricht davon, wie ein Vergleich, wie ein Erkennen möglich ist. Das Erkennen von Gegenständen, Zuständen, von Abstraktem usw. kann nur durch die Gleichheit gelingen. Es ist das Gleichsein von Dingen, das die Vergleichung gestattet. Das Gleichsein ist die Grundlage des Erkennens. Vieles Ungleiches, das ich vergleiche würde nur Unzusammenhang hervorbringen. Dies ist kein Erkennen. Das Wesen des Erkennens ist also die Gleichheit. So kann diese Aussage auch umgekehrt werden. Erkennen ist die Gleichsetzung von Gleichem. Das Gleichen ist der Grund als Existenz. Das Angleichen der Sinnesorgane an die Umgebung ermöglicht überhaupt erst ein erfolgreiches Existieren in der Welt. So ist auf abstrakter Ebene auch Existenz nur dann möglich, wenn Gleiches in Gleichheit ist. Gleichheit heißt hier Identität als Grund. Das Gleichheitszeichen verbindet nicht zwei Identische, sondern zwei Verschiedene. Es vergleicht aber diese beiden Verschiedenen in einem Akt des Gleichens miteinander und Gründet so die beiden Seiten, indem die eine Seite und die andere Seite der Gleichung als gleich erkannt werden. Sie sind nicht identisch, da sie verschieden sind. Aber sie sind gleich.

Wenn aber etwas gleich ist und nicht identisch, dann muß an den zwei Dingen etwas sein, was ihnen typisch ist, was sie ungleich macht in einigen Aspekten ihres Daseins. Diese Ungleichheit ist die der Formulierung. Zwei plus Zwei ist eine andere Formulierung der Zahl Vier oder der Vierheit. Die Vierheit ist gleich 'Zwei-plus-Zweiheit', sie ist aber nicht mit ihr identisch. Die Rückführung auf die Gleichheit kann platonisch aus einem Ideenhimmel abgeleitet werden[2]. Sie kann aristotelisch als Wesenheit des angeschauten Dings, das es aufgrund seiner Form für uns annimmt betrachtet werden[3]. Doch das trifft nicht den Grund. Der Satz vom Grund spricht von dem Grund der Gleichheit. Das *regendum* ist die Zureichung, das Gleichheitszeichen, das Vergleichen. *Ratione* ist die Gleichheit. Die Vergleichung der Gleichheit macht die Gleichheit anschaulich. Dies ist keine Tautologie. Denn der Satz vom Grund erklärt sich als universell. Er handelt von allem, was ist. Der Satz muß angenommen werden, wenn auch nur ein Einzelnes als existierend angenommen wird. Alles also, was existiert hat einen zureichenden Grund, ist gleichend verglichen. Eine Ungleichheit der Dinge erscheint in der Form, da die Identität leer wäre, wie im Abschnitt unten über das *nihil* beschrieben. Die Gleichheit der Dinge muß erfolgen, sobald es Existierendes gibt. Die Ungleichheit der Dinge muß existieren, sobald es Existierendes gibt. Beide ergeben ein System der Gleichheit und nicht der Identität, da sie gleich und ungleich sein müssen, sobald sie existieren. Beide Forderungen müssen erfüllt sein, soll es Existenz geben. Daher kann erkennen nur ein Vergleichen sein, da die Ungleichheit durch die zwei unterschiedlichen Seiten der Gleichung ausgedrückt wird, und die Gleichheit durch das Gleichheitszeichen. So ist zwei plus zwei gleich vier, aber ‚vier' ist etwas anderes als ‚zwei plus zwei'. Nur die Geschlossenheit und Unbedingtheit des Satzes vom Grund als grundlegendem Satz des Alls läßt diese Erklärung zu, so daß diese Erklärung kein infiniter Regress ist.

Dieses ist auch technisch zu verstehen. Denn die Art der Operation des Erkennens ist das Vergleichen. Dieses Vergleichen aber ist Gleichung. Dies ist ein technischer Vorgang, der die Kernzelle alles Verstehens auf allen Ebenen, sei es Wissenschaft oder Alltag, ist. Diese Gleichung ist nicht in Einzelschritte unterteilbar, da sie ein abstraktes Sein und kein konkretes Ding mehr ist. Die Frage: 'wie geht das genau?' ist sinnlos, da sie impliziert, es könne ein 'gehen' geben. Dieses Abstraktum des Grundes, welches die Vergleichung ist, ist kein Reales im Sinne der Technik mehr. Es ist das Abstraktum 'Technik' selbst. *Techne* ist das Handwerk. Das grundlegende Handwerk ist die Vergleichung. Alles Technische ist grundlegend Vergleichnung, ist ein Erkennen der Gleichheit durch Vergleichnung. Die Technik ist die Grundlegung alles Existierenden, welches durch Vergleichung erkannt wird. Sie hält das System zusammen, auf ihr ist es gebaut, was wir Denken, Fühlen und Handeln.

Dies ist nur eine der vielen Lesarten des Satzes vom Grund. Sie ist die grundlegende, denn sie gestattet es uns, dem Satz vom Grund eine universelle Bedeutung zuzumessen. Als Beschreibungen von Allem ist sie der sichere Grund, auf dem wir in Ruhe das Meer der musikalischen Bedeutungen ermessen können. Wir können hier in Freiheit und in Gleichheit begründen, ohne zu verurteilen, auch ohne zu stolpern. Da der Satz vom Grund wie eine mathematische Gleichung gelesen werden kann, sind noch viele weitere Lesarten möglich und sicherlich nützlich zum Verständnis der zu behandelnden Themen. Eine dieser Lesarten sei aber hier angefügt, wie oben erwähnt, die des '*Nichts* ist ohne zureichenden Grund'. Daß das Nichts oder das Chaos[4] in der Musik eine große Rolle spielt, wollen wir nun in einem Exkurs diese Bedeutung des Satzes vom Grund erörtern.

b) Das *Nihil* als Substanz

Die obigen Lesarten des Satzes vom Grund *Nihil est sine regendum ratione* waren die des 'Nichts ist ohne zureichenden Grund' als 'Alles ist gleich zureichendem Grund' und als 'Nichts ist *ohne* zureichenden Grund'. Zum ersten als Feststellung, daß alles Sein, alles Gegebene gleich einem zureichenden Grund gesetzt werden kann, zum anderen, daß die Feststellung nur eines Seiendem, eines Gegebenem genügt, um den Satz vom Grund zu begründen, ihm seinem Grund zuzuführen, zuzureichen. Es ist damit sowohl alles Gegebene gesagt, das vorliegt, als auch alles Abstrakte, alle Gesetze, das Abstractum.

Es wurde im obigen Abschnitt aber auch angedeutet, daß es noch weitere Lesarten dieses Satzes vom Grund als eines wörtlich wahren Satzes, also eines Satzes, der in sich in jeder möglich Lesart wahr und richtig zu sein beansprucht, geben kann und muß. Eine dieser Lesarten wurde bereits angedeutet im 'Nichts ist ohne zureichenden Grund' oder 'Das Nichts ist ohne zureichenden Grund, als Satz vom Nichts.

Die Bedeutung des Nichts für die Musik wird in den folgenden Kapiteln näher erläutert. Hier soll das Nichts in seiner Bedeutung besprochen werden, wie es im Satz vom Grund erscheinen muß. Wir haben den Satz vom Grund als wahr und allumfassend gefunden. So wollen wir sehen, was der Satz vom Grund über das Nichts sagen kann.

Nihil *est sine regendum ratione* heißt, daß das Nichts ohne zureichenden Grund ist. Es existiert ein Nichts, das unbegründet ist, das müssen wir aus diesem Satz folgern, wenn wir ihn als wörtlich wahr annehmen. Dieses Nichts aber ist, so wird gesagt. Es ist ohne zureichenden Grund. Das Nichts ist also keine Abwesenheit, denn auch etwas Abwesendes existiert, es ist nur gerade nicht hier. Außerdem existiert das Abwesende mindestens als Abwesendes. Das Nichts ist also etwas. Der Satz vom Grund muß jetzt gelesen werden: 'Nichts ist; ohne zureichenden Grund'. Das Nichts ist das Ist. Das Ist ist ein anderes Wort für das Nichts. Dies wird im Satz vom Grund begründet, dadurch nämlich, daß von diesem Ist gesagt wird, es habe keinen zureichenden Grund. Erinnern wir uns, daß Grund und Begründung durch das mathematische Gleichheitszeichen ausgerückt werden kann. Die beiden Seiten des Gleichheitszeichens müssen zur Begründung unterschiedlich sein. Steht rechts vom Gleichheitszeichen dasselbe wie links, dann handelt es sich nicht um eine Begründung, sondern die Aussage der Identität. Diese Identität aber ist gegeben im Falle des Ist. Die Tatsache der Existenz von Gegebenen, ist für alle Gegebenen gleich. Hier herrscht Identität. Das Nichts ist ohne zureichenden Grund, heißt, die Gleichung hier lautet 'sein gleich sein'. Die Ausnahmeerscheinung des Nichts, also des Seins gegenüber konkretem oder abstrakt Gegebenem liegt hier einerseits in der Tatsache, daß Nichts keinen zureichenden Grund hat. Auf der anderen Seite liegt das Besondere darin, daß nur Identität herrscht, also keine Begründung von Gegebenen auf das Sein möglich ist. Das Ist bleibt jungfräulich, es steht in keinem Verhältnis zu Gegebenen, es ist nicht daran gebunden, noch ist etwas Konkretes, ja selbst etwas Abstraktes nicht davon abhängig. Das Ist kann auch nicht beeinflußt werden durch ein Gegebenes, es existiert ohne es in völliger Identität. Es ist zwar allem gemein, doch nichts ist daraus ableitbar oder begründbar. Es herrscht somit für das Gegebene eine unendliche Fülle von Möglichkeiten. Dies daher, weil von 'außen' nichts vorgegeben wurde, Nichts vorgegeben wurde. So erklärt sich die Wortwahl von 'Nichts' anstelle des 'Ist', daß Nichts die Vorlage für das Gegebene ist. Wäre dies anders, dann wäre nicht alles denkbar, dann gäbe es zu Beginn für alles Gegebene Beschränkungen, wie sie zu sein haben. Dies stünde im Widerspruch dazu, daß ich alles denken kann, was ich denken kann. Es muß alles möglich sein, sonst ist das Sein bedingt. Von was sollte das Sein dann bedingt sein? Ein unendlicher Regreß entstünde.

Die Tatsache, daß Naturgesetze herrschen beschreibt somit die Tatsache, daß Gegebenes, Konkretes wie Abstraktes, also auch Naturgesetze durch ein Netz von Begründungen miteinander verknüpft sind, gegründet auf dem unbedingten Ist, das einzig die völlige Identität kennt. Alles andere ist verschieden, doch untereinander verschlungen durch Gleichsetzungen.

Der Satz vom Grund beschreibt also ebenfalls den unbegründeten Grund, nämlich als Ist, das das Nichts ist. Diese weitere Lesart des Satzes zeichnet vor, daß mittels wörtlicher Beschäftigung mit dem Satz wahrscheinlich noch viele Bedeutungen gewonnen werden könnten. Warum ist dies der Fall? Warum kann der Satz vom Grund wie ein mathematischer Satz gelesen werden und so wahres zeigen? Die Antwort darauf würde eine eigene Abhandlung beanspruchen. Doch seien hier einige Gedanken skizziert.

Der Satz vom Grund scheint ein wahrer Satz zu sein. Er scheint deshalb wahr, da noch kein Widerspruch aufgetreten ist. Er scheint auch daher wahr, weil er sehr viele Bedeutungen in sich schließt und daher sehr bedeutend ist. Viel kann aus ihm abgeleitet werden. Auch mathematische Gleichungen sind wahr. Eine Gleichung beschreibt einen Sachverhalt. Wir wissen, daß auf abstrakter mathematischer Ebene eine Gleichung als wahr und richtig beschrieben werden kann und dies so bleiben wird. Ob diese Gleichung als Modell für z.B. einen physikalischen Sachverhalt herhalten kann, muß geprüft werden. Dies ist jedoch ein schon erweiterter Fall. Die Gleichungen selber sind in sich aber Gleichsetzungen von Gegebenem. Eine Variable, eine Zahl, ein Ausdruck ist in einer Schrift geschrieben, die eine Bedeutung hat. Dies unterscheidet sich nicht im geringsten von der Sprache. So können Sätze wie mathematische Gleichungen gebraucht und mathematische Gleichungen wie Sätze verwendet werden. Nicht umsonst heißen Gleichungen oft Sätze, wie der Satz des Pythagoras, der Satz des Thales. Es sind Sätze, die aus Buchstaben bestehen, denen Bedeutungen zukommen.

Nun sind wir im Alltäglichen nicht gewöhnt, Sätze zu sprechen, die so unbedingt wahr sind. Das ist auch gut so. Doch sind solche wahren, 'wörtlichen' Sätze ebenso möglich, wie mathematische Sätze. Auch Sätze von Wörtern können wahr und falsch, bedeutsam oder unbedeutend sein, viel oder wenig aussagen. Man kann sie umformen und umstellen. Dies aber nicht nach Belieben. Nur das Ist kennt die reine Identität. Im Reich des Gegebenen ist das Geflecht der Begründungen zu beachten. In diesem Sinne hielten die Kabbalisten es für schädlich und krank, die Wörter der Tora nach Belieben umzustellen.

c) Folgendes

Das Bewußtsein als solches ist so durch den Satz vom Grund erklärt. Er spricht von dem Nichts, welches das Ist ist. Dieses ist unbedingt, es ist das Sein als solches. Das Bewußtsein ist ein Sein, nämlich ein wissendes, bewußtes Sein heißt ein Sein, das etwas weiß. Das Wissen aber ist das Erkennen, welches durch Gründen entsteht. So ist das Bewußtsein die allgemeinste Form des Ist als wissendes Ist. Es ist das Sein alles Existierenden. Damit ist es sowohl die Daseinsform alles Existierenden als auch das Erleben alles Existierenden. Das Erleben alles Existierenden ist das Ist des Gleichens und Vergleichens, des Gründens und damit des Verstehens und des Wissens. Etwas, das existiert hat Bewußtsein. Es ist im Existieren begriffen und somit Teil des Gründens. Es ist begründet und es vergleicht, gründet somit anderes aufeinander zurück. Das Bewußtsein ist somit das allgemeinste alles Existierenden. Es ist das Dasein des Ist. Das Wissen ist das Gründen als Verstehen. Das Bewußsein ist das Sein als Gründen, was die allgemeinste Form des Seins ist. So kann es kein Unbewußtes geben. Das Bewußtsein ist die Grundlage des Seins in seiner Form des Gründens und Existierens. Ist etwas, dann ist Bewußtsein seine allgemeinste Beschreibung. Der Inhalt des Bewußtseins kann verschieden sein. Sein Grund aber, das Bewußtsein an sich aber ist das Ist des Existierenden. Unbewußtes kann heißen etwas, das aus meinem Blickfeld gerückt ist. Ein Unbewußtsein an sich ist dann aber alles, was ich gerade nicht im Blickfeld habe. Dieses ist kein Vermögen oder Teil meiner Selbst. Das Unbewußte ist das Unbekannte. Bewußtsein kennt kein Unbewußtsein neben sich, wenn damit eine grundlegende Seinsmodalität gemeint ist. Das Gegenteil von Bewußtsein ist das Ist an sich, das Nichts im Satz vom Grund. Es ist die Existenz an sich. Es ist daher nichts, auf das ich zurückgreifen kann oder aus dem mir etwas entgegen kommen kann. Das Unbewußte in dieser Lesart ist das Sein an sich. Ist mir aber etwas präsent, im Blick, dann muß dieses, was ich wahrnehme existieren. Das Gegenteil von Bewußtsein aber ist das Sein an sich und damit nichts konkretes oder abstraktes. Bewußtsein ist die Seinsform des Existierenden als dessen Grundlage.

Der Satz vom Grund spricht in einer Lesart nun von den möglichen Arten des Bewußtseins. Diese sind aus der Art der Gründung selbst heraus postuliert. Die Gründung ist die Vergleichung des Existierenden im Ist. Die Vergleichung, das *regendum*, also das Zurückführen ist das Feststellen von Gründen während eines Suchens, ein Denken. Das Denken ist in seiner Art ein Verfolgen des Existierenden in seinen Begründungen. Es ist die Logik des Denkens, in Begründungszusammenhängen das Erschaute zu verstehen, zu begründen. Das Denken ist in seiner Art ein Erkennen, das ein Schauen sein kann, das aber grundsätzlich ein Verstehen ist. Denken ist Verstehen in seiner reinsten Form. Ein Verstehen ist ein Erkennen der Begründung, der Zurückführung. Der Weg des Denkens führt über die Begündungen von einem Punkt zu einem anderen. Das Verstehen ist in sich geschlossen. Es kann nicht mehr unterteilt werden, wie oben dargestellt. Das Denken ist in sich ein Verstehen, das ein Gründen im Sinne des Vergleichens ist. Das Vergleichen ist unteilbar, da die Gleichheit als Abstractum unteilbar ist. Dieses unteilbare Vergleichen ist das Denken, es ist das *regendum* im Satz vom Grund. So ist das Denken das Verfolgen von Vergleichungen, von Gründungen.

Das Fühlen ist ein Bestandteil des Satzes vom Grund, ebenso wie das Denken. Fühlen meint Befindlichkeit. Wir befinden uns verliebt, verlobt, verheiratet. Diese Zustände sind fühlbar, sie sind Gefühl. Wenn wir uns befinden, dann fühlen wir diese Befindlichkeit. Befinden heißt so und so sein, meint ein konkretes Sein. Dieses Sein ist das unsere, es ist unser konkretes Ist. So ist Fühlen das konkrete Ist im Satz vom Grund. Es ist nicht das absolute Ist des Satzes vom Grund. Es ist das relative des konkreten, jetzigen Seins. Es existiert nicht nur in den Köpfen oder Gliedern der Menschen oder in ihren Handlungen, ihrer Umgebung oder in ihrer konkreten Verfassung. Es ist das reale Existieren als Existieren. Das Gefühl kann so weich oder hart sein, es kann groß und aufregend, es kann ganz leise und zart sein. Es ist das Ist des Existierenden in einem konkreten Existieren.

So kann das Existierende als Ist Gefühl sein und im Begründen gedacht werden. Beide Seinsweisen sind grundgelegt im Bewußtsein. Das Bewußtsein ist das Ist als Begründetes. Es ist die grundlegende Seinsform alles Existierenden. Das Denken ist der Akt des Begründens, das Fühlen der des Ist des Beziehungsgeflechts von Existierendem.
Als dritte Seinsmöglichkeit spricht der Satz vom Grund von einem *ratione*, einem Grund. Dieser Grund ist die Handlung. Das Gründen ist das Denken, denn dort wird das Existierende nach seinen Gründen analysiert. Der Grund an sich ist das Handeln. Das Handeln ist ein Schaffen von Tatsachen. Diese Tatsachen sind die Gründe. Baue ich ein Haus, dann ist dieses Haus die Tatsache, die gebaut wurde. Das Bauen aber ist nicht ein Gründen in dem Sinne des Satzes vom Grund. Denn das Haus, was ich

baue existiert bereits als Gründungszusammenhang. Die Tat aber läßt das Haus dort entstehen wo es später stehen wird. Diese Tat ist nicht das Verstehen im Sinne des Gründens, die Tat ist der Grund selbst als Grund.

Dieses Denken, Fühlen und Handeln ist auf dieser Ebene des Satzes vom Grunde gleich. Es kann hier noch keine Differenzierung geben, es kann auch kein Vorher des einen vor dem anderen geben. Das Erkennen der Gleichheit ist die Grundlage dieser drei. Das Denken ist der Wegegang von Vergleichungen. Das Fühlen ist die Gewohnheit von Vergleichungen im Sinne von Darin-Wohnen. Das Handeln ist das Entwickeln neuer Vergleichungssysteme im Detail. Auch dies klingt im Satz vom Grunde noch an. Denn er spricht von zureichendem Grund. Die Aussage, 'Nichts ist ohne Grund' würde bereits den Vergleich aussprechen, wenn auch nicht so präzise als vergleichende Gleichung. Aber das *regendum* ist ein Akt, eine Handlung. Diese Handlung aber ist Teil von allem, denn wie der Satz sagt, ist nichts ohne die Handlung des Zureichens des Grundes. Handeln aber als Zureichen ist das Gleichheitszeichen.

So ist im Satz vom Grund die Materie, als Objekte der Anschauung bereits erklärt. Denn ebenso, wie die Grundform der Existenz das Bewußtsein ist und wie die grundlegenden Formen der Existenz das Gründen zum Grunde haben, also etwa in Denken, Fühlen und Handeln geteilt werden können, ebenso ist auch alles Existierende nichts weiter als gegründet. Die Anschauung schaut ein Existierendes dadurch an, daß es das Gründende vorwegnimmt. Die Vorwegnahme meint das Erkennen als Gründen. Die Gleichheit dieser beiden resultiert in der Anschauung von Materie, von Gegebenem. Das Gegebene existiert nicht als Materie. Die Materie ist nicht etwa ein Ding an Sich. Die Materie ist aber auch nicht in mir gedacht oder erfunden. Sie ist der Gründungszusammenhang von Gleichem in Gleichheit. Die Gründung allein ist die Ursache dafür, daß Materie erscheint und ihr Erscheinen ist der Akt des Gründens, des Vergleichens, des Gleichheitszeichens. Materie ist in sich nichts. Sie ist, wie alles Abstrakte, in sich nichts. All dies ist ein Gründen, welches von sich auf sich gegründet ist.

Die Abstraktionen des Denkens, Fühlens oder Handelns sind nur Hilfsmittel, den Sachverhalt des Gründens zu differenzieren. Diese Differenzierung kann auch in anderer Gestalt erfolgen. Sie kann als Wille dargestellt werden. Der Wille ist ein Gründen dessen was ist auf das, was nicht ist. Der Wille ist ein Antrieb, er ist ein Akt als Aktivität. Der Wille treibt voran, er bewegt. Diese scheinbare Bewegung ist aber nur eine Verfolgung von Gründungen. Der Wille resultiert in Aktionen, welche in der Welt stattfinden, mit dieser kommunizieren. Diese Kommunikation ist die Vergleichung. Auch der Wille ist gegründet auf die Gründung im Satz vom Grund.

Der Wille ist, wie Denken, Fühlen oder Handeln heilig. Er ist heil im Sinne von Ganz. Dies kann nicht anders sein. Ein Vergleichen ist ein Akt, eine Zurückführung des einen auf ein anderes und damit die Brücke, die zwischen beiden nur existieren kann. Das heilige ist somit Teil der Vergleichung, da Gleiches durch Vergleichung als gleichendes Verstehen aufeinander zurückgeführt wird. Das Unheil ist somit des Ende von Vergleichungen. Das Ende von Kommunikation, das Ende von Verstehen und Verstehen wollen, das Aufhören des *regendum* ist somit das Unheil. Heil als Vergleichung ist der Zustand des Vergleichens. Unheil ist die Abwesenheit von Vergleichungen. Ethik ist die Lehre des Guten. Das heil ist das Gute. Die Vergleichungen sind heilig. Ethik spricht daher vom Fortfahren von Vergleichungen, von Gründungen, von Fühlen, Denken und Handeln. Ethik ist die Lehre des Vergleichens, des Zurückführens, des Gründens. Sie ist das Leben als fortwährendes Gründen. Die Vergleichung kann nicht falsch sein. Durch Vergleichung wird Gleiches aufeinander zurückgeführt, wird die Gleichheit festgestellt. Die Falschheit ist die Unterlassung des Zurückführens, des Gründens. Der Satz 'Jeder geschlossene Raum ist ein Sarg' könnte auch lauten: 'Jeder nichtvergleichende Raum ist Unheil.' Ethik schreibt keine Gesetze vor. Der *ethos* als Sittengesetz als solches schreibt nur vor, daß an die Gebräuche halten, heilig sein heißt. Die Gebräuche aber sind die Summe der Erfahrungen über das, was funktioniert, was Gutes hervorbringt. Dieses Gute ist das praktisch anwendbare, das Funktionierende. Dort aber wo meine Handlung mit dem übereinstimmt, was getan werden muß, um Erfolg zu haben, dort ist etwas Gutes entstanden. Die Gleichheit zwischen meinen Vorstellungen von dem, was getan werden muß und dem, was wirklich getan werden muß, um den Erfolg zu haben hat stattgefunden. Die Vergleichung war eine wirkliche Vergleichung, da sie in

Übereinstimmung mit den Gesetzen war. Daraus folgt Glück. Die Gesetze sind also immer praktische Gesetze. Die Gesetze des Denkens, die Welt der Gefühle oder auch die der Handlungen heben auf das zurück, was funktioniert. Dies ist das Gute, das Heilige. Das Funktionierende ist aber immer die Gleichheit, die Vergleichung, die Zurückführung. So ist alles praktisch. Dieses Praktische aber ist nicht in Materie, es ist Vergleichung und Zurückführung auf den Grund. Der Grund ist daher die Gründung in Vergleichung. Auf ihm kann man stehen, etwas aufbauen. Der Grund ist daher in sich ein Grund, weil er in Vergleichung die Feststellung von Gleichheit ist. Die geglückte Vergleichung, also die wirklich vorgenommene Vergleichung ist die Basis, auf der sich aufbauen läßt. Sie ist eine sichere Basis, da sie Vergleichung als Gründung ist. So ist der Grund einer Sache in der Sache als Gründung an sich und nicht außerhalb oder angehängt, darunter oder darüber. Der Grund einer Sache ist auch nicht in der Sache, er ist in der Sache als Gründung, er ist die Gründung der Sache, wie die Sache die Gründung selbst ist.

Hierdurch ist auch der Begriff der Zeit gegeben. *Nihil est sine regendum ratione* nennt die Gründung als Akt. Der Akt, das *regendum*, ist ein Vergleichen. Die Identität kennt die Vergleichung nicht, sie ist als Identität sie selbst. Die Vergleichung ist der Akt, der in verschiedenen Stadien abläuft. Als Akt ist er daher ein Hintereinander von Ereignissen, die das Gleichen sind. Daraus resultiert die Zeit als Hintereinander von Ereignissen. Zeit ist also ein Zustand des Noch-nicht-verglichen-Habens. Zeit existiert nur während des Vergleichens, während des Übergangs vom Ungleichen zur Erkenntnis der Gleichheit. Das Zurückführen ist Zeit. Die Zeitlosigkeit ist subjektiv für den Zurückführer der Zustand, an dem er aufhört zu vergleichen, die Dinge aufeinander zurückzuführen. Dort herrscht unheil. Das Erkennen als Gleichen ist die Grundlage der Zeit. Das Erkannt-Haben als Vergangenheit kann dadurch erinnert werden, daß die Zeit, also die Abfolge der Vergleichung mit dem Jetzt verglichen wird. Diese Vergleichung ist die Analogie. Diese Analogie erkennt das Vergangene in der Vergleichung mit dem Jetzt. Das Bewußtsein von Vergangenheit und Jetzt ist die Vergleichung als Analogie. Die Zeit ist der Werdegang von Vergleichungen. So ist der Werdegang selbst nur dadurch möglich, daß er selbst in seinen Schritten als Vergleichung stattfindet. Diese Vergleichung findet in sich statt. Zeit ist das Wesen der Vergleichung, Zeit ist Vergleichung. Nur wo es keine Identität, sondern nur gleiches Ungleiches gibt, dort kann Vergleichung stattfinden. Dort aber sind die Gegebenen, die verglichen werden und das Vergleichende im analogen Gleichen im Hintereinander des Gleichens. So entsteht Geschichte, die immer nur voran geht. Die Erinnerung ist selbst Geschichte im analogen der Vergleichung. Das Vergangene ist präsent, da auf es jederzeit zurückgegriffen werden kann. Dies aber nun als Vergleichung, so daß das Erleben der Erinnerung anders ist, manchmal präsent wie das erste Erleben, wenn vollständig zurückgegriffen wird, mal schemenhaft, wenn auf Grundzüge Rücksicht genommen wird.

Die Welt der Dinge ist die Geschichte ihrer Zurückführungen. Die von uns erkannte Vereinzelung der Dinge ist die Geschichtlichkeit ihrer Gründungen, so wie wir die Geschichtlichkeit unserer Gründungen sind. Diese Geschichtlichkeit ist unumkehrbar, da die Zeit als Abfolge von Ereignissen weiter läuft. Die Zeitumkehr ist die Rückführung als Analogie. Die Möglichkeit der Zurückführung unserer gegründeten Erinnerungen auf den Stand unserer Umwelt als selbst in weiterer Gründung befindlichen ist dort möglich wo die weiterschreitende Umwelt stehen geblieben ist. Das Buch aus dem Regal ist heute noch so, wie es gestern war, da es sich nicht - oder kaum - weiter gründend fortbewegt hat. Der Zustand eines Individuums ist er als Gründender im Akt und in seiner Geschichte als Zurückführender. Das fortschreitende Zurückführen ist Leben und führt so zu heil. Die Heilsgeschichte ist somit ein gründendes Vergleichen in praktisch gelungenen Zurückführungen von Gleichem.

§ 2 Der Satz vom Grund als Grundlage der Musik

a) Das Gründen als Musik

Musikalische Bedeutung ist die Gründung einer musikalischen Tatsache mit einer außermusikalischen. Diese Gründung ist eine Vergleichung und von daher als Vergleichung unbedingt wahr. Die Wahrheit ergibt sich aus dem Satz vom Grund selbst. Sie ist wahr, weil nur Gegründetes existiert. Die Gründung aber ist wahr, weil nur sie einen Vergleich ermöglicht.

Gründung von musikalischer Bedeutung als Musik ist der Musik immanent. Musik als Musik ist etwas und kann dies nur als Gegründetes, Vergleichendes sein. Die Vergleichung aber ist ein Erkennen und Verstehen von Musik. Das Verstehen ist Musik also immanent. Die Bedeutung als Bedeutung ist ebenfalls nichts anderes als eine Vergleichung und kann nur durch sie realisiert und wahrgenommen werden. Die Unbedingte Einheit von Musik mit außermusikalischen Sachverhalten liegt an der unbedingten Einheit des Existierenden als Vergleichendem. Musik kann nur als vergleichendes verstanden werden, da es vergleichendes ist in einer Welt, die die Vergleichung als Grundlage ihrer Existenz hat. Musikalische Bedeutung kann Musik nicht beigelegt werden. Sie muß gründend erfahren werden. Auch soziologische Bedeutungsgebung und Assoziationen zu Musik sind nicht beliebig. Sie können es nicht sein, soll der Zusammenhang zwischen Musik und Assoziation auch nur ein einziges Mal gesehen, erlebt oder verstanden werden. Die wirkliche Neuschaffung einer Assoziation ist nicht möglich, da sie auf Vergleichung beruht, welche notwendig vorbestimmt ist als Modus der Existenz. Auf allen Ebenen musikalischer Bedeutung ist die Gründung der Bedeutung essentiell. Sie liegt im Gründen der Musik selbst.

Doch die am weitesten wichtigste Gründung von musikalischer Bedeutung ist die innermusikalische. Hier zeigt sich der Gründungszusammenhang des *regendum ratione* als elementar und somit überindividuell. Die Hierarchie der Gründungen ist die Methode der Gründungen selbst. Die Gründung ist ein Entlanggehen in Vergleichungen. Die Länge dieser Vergleichungen entspricht der Stand in der Hierarchie. Die einfachsten und kürzesten Wege sind die allgemeinsten. Die Gründung spricht hier von Vergleichungen so allgemeiner Art, daß die Gleichheit fast alles Gründende umfassen kann. Alles Gründende umfassen kann nur die Vergleichung als Vergleichung, denn das Vergleichen ist der Grundmodus der Existenz. Dies aber ist das Verstehen, Erfassen, Erfühlen.

Die allgemeinste Form der Existenz ist die der Vergleichung. Dies können wir von allem sagen, daß es verglichen wird und diese Vergleichung uns sein Verstehen sichert. Das Vergleichen aber ist ein Zurückführen auf den Grund, also ein Akt. Dieser Akt sichert uns in der ersten Differenzierung der Existenz den Gang, das Verstehen als Nachvollziehen. Der Grund, *ratione*, ist die Handlung wie oben beschrieben. Das Sein im Gleichen ist das Gefühl. Diese drei sind also die ersten notwendigen Differenzierungen des Gleichens. Diese Differenzierungen könnten anders benannt werden, sie könnten zu zweien vereint dargestellt werden, etwa als Fühlen und Sprechen oder als Denken und Handeln. Die Art der Differenzierung bleibt uns überlassen, sie folgt aus dem Verstehen des Gangs der Vergleichung. Diesen Gang gehen wir eben nun gerade ja auch jetzt wo wir das Vergleichen verstehen wollen. So steht es uns frei, weitere Vergleichungen zu finden. Die Darstellung des Gleichens selbst kann jedoch nur als Vergleichung von Gleichem dargestellt werden und bildet den Grundmodus der Existenz. Hier, im ersten der Existenz ist Gleichen von Gleichem der Grundakt. Die Hierarchie allerdings beginnt bei der Differenzierung dieses Gleichens.

b) Musik als Flow

Musik ist ein Flow. Die musikalischen Ereignisse bewegen sich auf diesem Flow, welcher der natürliche Bewegungsgang der Musik ist. Dieser Bewegungsgang ergibt sich aus dem Verfolgen des Nächstnötigen oder Nächstmöglichen. Es ist ein Gedankengang, der als Flow dargestellt, welcher aber selbst nicht reflektiert wird. Das Gefühl des Flows und das Gefühl des Inhalts dieses Flows sind präsent. Dieser Flow wird zwar als Fluß empfunden, welcher den Musiker mit sich mittreibt, doch ist der Musiker aktiv beim Musizieren. Diese Aktivität ist die Handlung. Der musikalische Flow ist ein Gleichen von Gleichem, ist das Fortschreiten auf den Gründungen der Vergleichungen, ein *regendum* auf die *ratione*. Dieses Zurückführen wird momentan und ohne Verzögerung gespielt. Denn jede Verzögerung würde den Fluß unterbrechen. Jede Störung läßt die Musik aus ihrem Spiel entgleiten, unterbricht den Gedankengang, unterbricht den logischen Fortlauf, den Fluß, das Gefühl. Diese Unterbrechung ist immer eine plötzliche Beschäftigung mit etwas, was nicht auf dem Flow liegt. Dies kann eine technisch schwierig zu spielende Passage sein, bei der der Musiker vom musikalischen Gedanken in den technischen rutscht. Dies kann eine falsch gespielte Note sein, welche den Fluß unterbricht. In jedem Fall ist es etwas, was nicht im Gleichungszusammenhang steht. Das was stört ist unbegründet im Zusammenhang des musikalischen Flusses.

Das Störende kann natürlich aber nicht völlig unbegründet sein, denn etwas Ungründendes gibt es nicht. Die Begründung des störenden Ereignisses liegt aber nicht im Fluß der Musik. So ergibt sich der musikalische Fluß als ein offenes Ganzes. Es ist ein Ganzes, da es in sich gleichend logisch voranschreitet. Es ist offen, da es von außen Impulse erhalten kann. Die Störung aber ist nicht ein Problem der Musik an sich, sie ist die des Musikers, der gestört wird und sich stören läßt. Er verläßt den Flow. Der Flow kann von anderen Musikern weitergeführt werden oder er hätte weitergehen können. Es wäre klar, wie die Musik hätte vorranschreiten müssen. Die zeitliche Aufeinanderfolge der Ereignisse ist ja nur der Verlauf des Gründens, die Vergleichung von Ereignissen und Gegebenem, welches an sich vergleichbar ist. Die Musik existiert schon, bevor sie gespielt wird als Gleichungssystem. Die Störung stammt also allein vom Musiker oder vom Hörer. Diese sind aber an sich Gleichungen, sie sind gegründet und gründen selbst. Sie sind die Geschichte ihrer Vergleichungen. Diese Geschichte umfaßt viel mehr als nur den musikalischen Gedanken, der gerade gespielt wird. Die Störung ist also eine Gründung, die im Gründungszusammenhang des Musikers auf dem Flow des Musikers in seinem Leben, aber nicht auf dem Flow der momentan gespielten Musik liegt. Denn alles Neue liegt auf einem Flow, ist ein Teil der Geschichte von Gleichungen. Das Unheil ist der Halt, das Halten vom Gleichen.

Die musikalische Störung ist etwas Neues. Sie liegt auf einem Flow, der gerade zwar nicht gewünscht ist, der aber jetzt stattfindet. Dieses Ereignis wird aber daher als Störung empfunden, weil der musikalische Flow meist viel schöner ist, als der des täglichen Lebens. Der musikalische Flow spricht von Vergleichungen auf sehr allgemeiner Ebene. Seine Vergleichungen sind Proportionen. Diese Vergleichungen sind kurzwegig, wie wir oben gesehen haben. Ein kurzer Weg aber ist leicht und einfach zu gehen. Die einfache Klarheit dieser einfachen Vergleichungen ist ein Gedankengang, ein Gefühl, eine Handlung, die leicht, frei und schön ist. Auf diesem musikalischen Flow zu bleiben ist daher oft schwer und erfordert Übung. Dies aus dem Grunde, da dieser musikalische Gedankengang in den Alltag gebracht werden soll. So muß auch der oft recht komplizierte Alltag diese Einfachheit annehmen, um den musikalischen Flow adäquat spielen zu können. Dies erfordert die Reduktion der verwendeten Mittel, Noten, Akkorde, Rhythmen, Instrumentierungen, Spieltechniken auf Einfachheit. Das Üben eines Instruments ist daher die Reduktion der komplizierten Alltagshandlungen auf die Möglichkeit einfachster Gründungen und Vergleichungen. Der musikalische Flow ist ein technischer Flow, soll die Musik gespielt werden. Die Eliminierung alles Komplizierten aus der Technik, aus den Noten, aus der Instrumentation erst ermöglicht so den Reichtum an beliebiger musikalischer Differenziertheit. Die Gründungen der Musik sind einfache. Die Vielfalt von einfachen Gründungen aber ist Differenziertheit durch einfachste Zurückführungen. So ist Qualität von Musik einmal die Einfachheit der Mittel und zum anderen die Differenzierungen, die mit diesen einfachen Mitteln hervorgerufen werden[5].

Das Gründen von musikalischer Bedeutung ist ein Klassifizieren. Die Gründungen werden in ihrer Gründung miteinander verglichen, sie werden gleichgesetzt. Vieles Gleichgesetzte bildet die Klasse. Diese Klasse ist keine Definition. Sie ist das System von gleichen Gründungen. Diese Gründungen können in der Gleichheit des Systems voneinander abweichen. Sie können früher oder später geschehen, sie können in einem anderen Kontext geschehen. Dies ist die Klasse. Die Klasse ist somit ein System von Gründungen. Die Klasse wird erfaßt als Wesenhaftes. Diese Wesenhaftigkeit ist nicht die Gründung an sich, sondern das Gleichheitszeichen zwischen den Gleichen in der Gleichung. Dieses Gleichheitszeichen für sich ist zwar die Gründung. Doch ist das Zurückführen immer ein von-nach. Also ist das spezielle Gleichheitszeichen zwischen zwei Gleichen die Wesenhaftigkeit der Klassifikation der Gründung. Sie ist ein Abstractum an sich. Sie ist als Substanz nicht vorhanden. So kann sie einen Namen haben, der diesem speziellen Gleichheitszeichen entspricht. Die Gleichung selbst aber ist nicht die Klassifikation, die Gleichung selbst ist nur ein Beispiel von ihr. Die Klassifikation als spezielles Gleichheitszeichen ist eine Gründung, die auf die allgemeinste Gründung, das Gleichheitszeichen an sich zurückgeführt werden kann. Sie ist hier aber eine spezielle Gründung, die der Klasse. Diese ist als Abstractum ein Ding-für-sich. Ein Ding ist sie, da es keine substanziellen Dinge im Sinne der Materie gibt. Die Dinge sind, wie wir oben gesehen haben, nur die Geschichte ihrer Gleichungen. Die Gleichungen aber, die auf einer speziellen Gleichung aufbauen, heißen Klasse. Diese Klassen sind dadurch gekennzeichnet, daß sie in sich geschlossen sind. Der Klasse zugehörig sind die Teile, die in ihr das Gleichheitszeichen der speziellen Gleichung erfüllen. Die Gleichung ist hier also nichts weiter, als die Klassifizierung. Allerdings ist die spezielle Gleichung eben ein Abstractum. Die Gleichung zwei plus zwei gleich vier hat die spezielle Gleichung, die als zwei mal zwei oder vier ausgedrückt werden kann. Sie könnte aber auch als eins plus drei dargestellt werden. Dies sind Beispiele der Klasse. Die Klasse selbst aber ist das spezielle Gleichheitszeichen, das spezielle *regendum*.

Das spezielle Gleichheitszeichen ist keine Idee im Sinne eines vorgefundenen Naturgesetzes oder im Sinne der platonischen Ideenlehre. Das Gleichheitszeichen ist die spezielle Gleichheit, die sich aus den Dingen, als den Geschichten von Vergleichungen ergibt, diese ist. So fällt das spezielle Gleichheitszeichen nicht vom Himmel, es ist gegründet in den möglichen Geschichten von Vergleichungen, die alle auf der grundlegenden Existenz als zurückführendes Gründen gebaut sind. Nur der äußere Rahmen einer Geschichte, in der sich ein Subjekt, selbst Geschichte von Gleichungen, dieser äußeren Geschichte befindet behindert einige Gleichungen als schwer bis sehr schwer zurückzuführende. Dieses Erschwernis liegt, wie wir oben gesehen haben an der Geschichte der Gleichungen, nicht an der Grundlage allen Seins auf Begriffe wie Elementarkräfte, Naturgewalten, Dreifaltigkeit. Diese Naturkräfte sind nicht von uns beeinflußbar, nicht weil wir dazu nicht in der Lage wären, sondern weil die Geschichte, die uns zur Möglichkeit der Gleichung auf so hohen Ebenen führen würde von uns noch nicht beschritten wurde. Dafür reicht ein Menschenleben wohl auch nicht aus.

Nichts ist ohne zureichenden Grund. Die Gründungen in der Musik sind spezielle Gründungen, die sich auf Stile, auf Rhythmik oder Melodik, auf Phrasierung oder Tanz, auf Polyphonie, Homophonie oder die Einbindung der Musik in einen soziokulturellen Kontext bezieht. Die Gründung wird dadurch festgestellt, daß verglichen wird. Das Wesenhafte der Klassifizierung in einen musikalischen Stil ist z.B. die Gleichung der Geschichte des Stils mit der vorliegenden Musik. Diese spezielle

Gleichung aber ist ein Abstractum. Die Klassifizierung kann nicht als ein Katalog von Eigenschaften beschrieben werden, da sie reine Vergleichung ist. Die Vergleichung muß zwar Eigenschaften miteinander vergleichen, doch diese Eigenschaften sind selbst wieder nur Gleichungen von Gründungen, somit rein Abstraktes. Wird also eine Geschichte von Gleichungen als Eigenschaft festgehalten, wird diese den Stil beschreiben können. Dies ist praktikabel. Diese Eigenschaften selbst, als reine Gleichungssysteme aber sind als Abstractum nichts weiter als ein System. Dies macht eine eindeutige Fixierung eines musikalischen Stils unmöglich. Möglich aber ist die Zusammenfassung von Abstraktem zu festgehaltenen Eigenschaften, welche den Stil beschreiben und zeitlich begrenzt diesen in etwa repräsentieren können. Die Festhaltung dieser Gleichungssysteme zu Eigenschaften, also zu dem konventionellen Begriff der Materie kann nicht von Dauer sein, da es de facto das Aufhören des Gleichens bedeutet. Dieses Enden des Gründens aber ist Unheil. Die Lösung dieses Unheils ist das erneute Gleichen.

Musikalische Bedeutung ist somit ein Fluß. Die Bedeutung ist das Gleichen in einer Geschichte der Gleichungen. Diese Geschichte aber ist als Gleichen ein Fluß. Musikalische Bedeutung ist somit nicht etwa in einem Fluß, sie ist der Fluß. Dieser Fluß ist Teil der Geschichte der Welt, welche als Existenz das reine Gleichen als Grundlage hat. Daher ist der musikalische Fluß und jeder außermusikalische Fluß Teil der Gesamtgeschichte. Diese Gesamtgeschichte ist aber nicht ein Aufsplittern in viele Teilflüsse. Die Gleichungssysteme sind ein und dasselbe. Die Gleichungen, die die Musik zu Musik machen sind in ihrer einfachen Gleichungsart die Gleichungen jedes anderen Existierenden. Dies wird gemeinhin als Universalität der Musik als Sprache genannt[6]. Da Musik als Abstractum des Gründens nichts als Abstractum ist, dieses Gründen auch die anderen Gebiete der Existenz betrifft, so ist Musik und deren außermusikalische Bezüge ein Gleiches als ein auf sich zurückgreifendes Gründen. Das Wort 'Musik' ist daher eine festgehaltene Eigenschaft. Die definitorische Unbestimmtheit des Begriffs liegt in seinem Wesen. Ist Musik die Geschichte der Menschheit im Musizieren, dann ist diese Geschichte im Fluß. Ist Musik als Abstractum das Gleichnis der Welt, dann ist der Begriff Musik zu speziell, um das Gleichungssystem zu beschreiben. Der Begriff 'Musik' ist daher ein praktisches Hilfsmittel zur Benennung einer Geschichte von

Gleichungen oder von einem Gleichungssystem. Der Begriff 'Musik' aber ist festgehaltener Fluß, welcher stets in neuen Gründungen gleichen muß, um heil zu bleiben.

c) Die Gründung von Musik

Die Gründung von Musik ist in sich selbst. Ihre Bedeutung ist nicht neben oder über ihr, auch nicht in ihr, die Musik ist ihre Bedeutung. Dies ist die Möglichkeit, Musik im Augenblick vergleichend zu begreifen. Das Sprechen über Musik ist oft nicht in der Struktur von Musik, nicht in ihren Vergleichungen. Die Wörter der Sätze, die über Musik gesagt werden sind meist keine Komposition, die der Musik entspricht. Dies gilt nur für die Bedeutungsinhalte der Wörter. Diese Bedeutungsinhalte gründen ein vergleichendes Verstehen von Musik durch Wörter. Wörter und Sätze, die mathematisch wörtliche Kompositionen sind, die das Gleichungssystem der Musik vergleichend gründen sind im gelungenen Fall Lyrik. Auch Witze, Wortwitze, Wortspiele usw. sind Kompositionen dieser Art, in denen es nicht nur auf die Worte, sondern auch auf die Geschwindigkeit des Vortrags, den genauen Satzbau z.B. hin zu einem Klimax geht. Die vergleichende Gründung der Lyrik ist der der Musik gleich. Die Lyrik sagt den Gedanken einmal durch Worte und Sätze, dann auch durch deren Komposition.

Die Gleichheit von Satzinhalt und technischer, sprachlicher und lautmalerischer Komposition der Lyrik macht die Eindimensionalität der Lyrik aus. Der Prosasatz ist zweidimensional, da er zwei Gleichungen gleichzeitig spricht. Einmal spricht er den Inhalt durch die Worte, dann spricht er ein Gleichungssystem, das über den Inhalt spricht, in der Tat neben diesem Inhalt der Satzes steht. Denn der Satzbau eines Satzes, seine technische, sprachliche und lautmalerische Komposition ist auch bei Sätzen da, die nicht dem Inhalt gleichen. Diese Satzstruktur ist die der Komposition der Idee über das Phänomen. Diese zweite Gleichung über der Gleichung der Bedeutung selbst ist in textloser Musik meist nicht vorhanden. Die Musik als Gleichung benutzt häufig Elemente, Töne, Klänge, Rhythmen, die weit weniger eine semantische Bedeutung haben, wie sie ein Wort hat. Dies aber nicht wegen einer eventuellen Ungenauigkeit der musikalischen Sprache. Die Bedeutung eines Latin-Jazz Grooves ist so präzise oder unpräzise, wie die jedes beliebigen Wortes, etwa des Wortes Bedeutung. Den Grund hierfür haben wir oben besprochen. Worte bezeichnen Begriffe, die Fluß sind. Das Festhalten des Flusses ist Unheil. So ist die Bedeutung eines musikalischen Elements in seiner konnotativen Bedeutung als zwei Gleichungen nicht grundsätzlichen verschieden von dem der Sprache. Das Sprechen über konkrete Inhalte durch Musik ist jederzeit möglich, wenn die Teilnehmer des Gesprächs in dieser Musiksprache bewandert sind. Dies ist selten der Fall, da in der Musik die zweite Gleichung von der ersten, der der technischen, klanglichen Komposition in den Hintergrund gedrängt wird, dies ob der Wiederholungen in Musik und ihrem stetigen Lauf. Dieser Lauf ist als Gleichen genug, um die zweite Gleichung der semantischen Bedeutungsgebung in den Hintergrund zu drängen. Das Gleichen, welches die Komposition durchführt ist der musikalische Gedanke, das Erleben, das Handeln der Musik als *regendum ratione*. Dieses ständige rückführende Gründen ist als abstraktes Gleichen gleich den Gleichungen außermusikalischer Inhalte. Der Fluß des Gleichens ist die Geschichte der Musik.

Das Gleichen ist ein Gründen, weil das Gründen ein Gleichen ist. Das Gründen, die Begründung, das *regendum* ist ein Gleichen von Abstraktem. Dieses Gleichen ist ein Gründen. Die Musik, die Gleichung ist, gründet und begründet damit. Nur weil somit diese Gleichung ebenso ein Gründen ist kann die Musik auf dem Fluß sein. Das Gleichen, das die Musik vornimmt ist ein Gründen, also ein Begründen. Nur wenn diese Begründung auf der Gleichung basiert, die Gleichung ist, kann Musik Möglichkeit und nicht Beliebigkeit sein. Die Möglichkeit, im Gegensatz zur Beliebigkeit führt das Gegründete wieder auf sein Gleichnis zurück und bleibt so mit diesem gleich. Nur, weil das Gründen ein Gleichen ist und nicht etwa ein Ungleichen, ist auch das Gleichen ein Gründen, ein Begründen. Dieses Begründen gleicht sich selbst. Musik wird verstanden, weil das Gründen ein Gleichen ist, deshalb ist auch das Gleichen ein Gründen.

Somit ist aber Gleichen und Gründen identisch, nicht nur gleich. Das Identische und nicht gleiche gilt aber nur für das Nichts. Dieses Nichts ist das Ist, während das Gleichen die Form der Existenz ist. Diese Form aber ist wie der Grund nicht nur abstrakt, wie alles Existierende, es ist selbst das Nichts. Das Gleichen oder Gründen ist eine Form des Nichts, welches das Ist ist. Die Identität ist somit allumfassend. Denn das Ist ist nicht ein Zustand oder Ding, das hinter den Existierenden oder deren Grundlage ist. Das Nichts ist das Gleichen oder Gründen. Die Identität von höchstem Ist und einfachstem Gründen bedeutet die Anwesenheit des Höchsten als Einfachstem in jeder Gleichung, also in jeder Geschichte, welche der Fluß ist, also auch in Musik, aber auch überall sonst. Das Gleichen an sich, d.h. das Fortschreiten im Fluß hat nicht nur Existierendes zum Inhalt, sondern auch das Einfachste als Ist im Fortschreiten selbst als dem Gründen und Gleichen. Das ständige Fortschreiten der Musik, ihr unablässiges Fließen läßt dies einfachste Höchste in jedem Augenblick anwesend sein.

Die musikalische Bedeutung erschließt sich selbst. Die Bedeutung als Gründung ist nichts weiter als die Gründung. Diese Gründung ist die einzige Art der Existenz. Die musikalische Bedeutung, die sich selbst erschließt, die also bereits erschlossen ist und so erfahren, gedacht ist kann dann nur dadurch als Gleichnis mit außermusikalischer Bedeutung begriffen werden, wenn das außermusikalische ebenfalls behandelt wird. Die Gleichungen der außermusikalischen Bedeutung mit der innermusikalischen sind gleich. So ist alles Gleichen in der Hierarchie der Gleichungssysteme, von einfachen zu komplexen, gegenstandslos, also ohne Gegenstand als reines Gleichen. Die Reflexion über dieses Gleichen ist ebenfalls ein Gleichen über diese Gleichungen oder es ist das spontane Erkennen des Gleichen als Gleichung. Die Gleichungsebenen, mit denen verglichen wird sind von Hörer zu Hörer verschieden. Sie ergeben sich aus den Geschichten der Gleichungen, welche die Hörer sind. So ist aus Erfahrung ein tieferes Verständnis von Musik dadurch möglich, daß viele andere Gleichungen im inner- wie außermusikalischen Bereich im Fluß des Hörers gelegen sind. So ist ein tiefes Verständnis von Philosophie oder Ethik lehrreich im Hören von Musik. Diese Bereiche behandeln sehr einfache Gleichungen. Die Musik selbst besteht meist aus einfachen Gleichungen. Das Verstehen von Musik ist durch jedes neue Gleichen außerhalb der Musik bereichert.

d) Klang und Rhythmus

Der Klang und der Ton sind zwei grundlegende Dinge in der Musik. Ihnen zur Seite gestellt ist der Rhythmus. Der Klang erklärt sich wie folgt. Die Sinuswelle, aus denen mehrere den Klang bilden, ist eine Kreisbewegung, die räumlich oder zeitlich ausgebreitet wird. Der Kreis ist die Gründung der Sinuswelle. Der Kreis bestimmt ihr Wesen. In unserer Sprache: Der Kreis ist das regendum ratione der Sinuswelle, die Sinuswelle das regendum ratione des Kreises. Auf beiden Seiten der Gleichung steht etwas Gleiches, hier Kreis, dort Sinuswelle, und doch sind beide nicht identisch, jedoch gleich. Die Gründung des Kreises ist bereits sehr kompliziert und soll hier daher nicht vertieft werden. Denn der Kreis gründet einmal auf einem Mittelpunkt und einem Abstand, aber auch auf einem zweidimensionalen Raum. Das Gleichsein von Sinuswelle und Kreis ist nicht metaphorisch, ist nicht physikalisch gemeint. Beide Darstellungen sind zwar möglich, doch nicht die Gründung. Die Mataphorik ginge von einer geistigen Welt, die Physik von einer materiellen aus. Beide existieren aber nur aufgrund des Gleichens als einzige Form der Existenz. Die Begründung in einer metaphorischen Welt ist dann gerechtfertigt, wenn Gleichung herrscht. Ebenso ist die physikalische Begründung Gleichung. Das Wo und Wann in der physikalischen Welt ist nur ein weiteres Fragen nach den Gleichungen in Raum und Zeit der betrachteten Gleichung. Ein Klang ist also die Addition von verschieden großen Kreisen gleich der Addition von verschieden lauten Sinuswellen. Das Gleichen der Frequenzen dieser Sinuswellen, ihrer Tonhöhen, ist das Gleichen in Relationen. Auch hier wieder ist jede Darstellungsart, metaphysisch, biologisch, physikalisch usw. berechtigt, wenn sie die Gleichung darstellt. Die Gleichung als Gleichung bleibt davon unberührt. Das Gleichsein der Gleichung meint das Gleichsein der Gegenstände.

Die Darstellungsart ist die zweite Ebene des Sprechens. Die Sprache der Physik und die der Philosophie sind Gleichungssysteme für sich. Diese Gleichungssysteme sind die Gleichung, die der Gegenstand ist, wenn ihre Sprache in denselben Gleichungen besteht, wie ihr Inhalt. Diese Sprache ist die exakte Sprache der Wissenschaft. Sie ist auch die Lyrik. Sie ist nicht die Alltagssprache.

Ein Klang ist ein Fluß. Ein Fluß ist das Gleichen in Abfolge. Das Erleben eines Klangs ist das Gleichen dieses Flusses im Nachvollzug. Die Wahrnehmung von Klängen, ihr Hören ist wahr und objektiv, wenn auf den Klang gehört wird. Die unterschiedlichen Erkenntnisse über einen Klang, die von verschiedenen Menschen gewonnen werden sind verschiedene Nachvollzüge dieses einen Klangs. Diese verschiedenen Nachvollzüge entsprechen den verschiedenen Möglichkeiten der Menschen, Klänge hören zu können. Diese verschiedenen Möglichkeiten sind das Resultat der verschiedenen Geschichten von Gleichungen, welche die Menschen sind. Wird der Klang im Nachvollzug gehört, sind alle Wahrnehmungen und Erkenntnisse des Klangs wahr. Die außermusikalische Bedeutung eines Klangs entspricht der Gleichheit der Gleichungen. Die Erkenntnisse von außermusikalischen Bedeutungen, die aus dem Klang gehört werden sind schön. Die Schönheit ist einmal das Gelingen der Gleichung, dann ist sie die Einfachheit der Gleichung, da Musik im Bereich des Einfachen Gleichens liegt, dann ist die Schönheit die gewonnene Freiheit als Potenz des weiteren Vergleichens, welche sich aus der Gleichheit von inner- und außermusikalischer Gleichheit ergibt, schließlich, und bestimmt nicht letzlich, ist sie das Heil, welches das Gleichen an sich als Fortschreiten auf dem Fluß ist, das Lebendigsein.

Aus diesem Grund ist das Erkennen eines Klangs auf vielen verschiedenen Ebenen möglich. Das Gefühl, welches der gelungene Nachvollzug des Klangs ist, ist das Gleichsein dieses Gefühls mit dem Klang als Gleichheit des Flusses, der Klang oder Gefühl sein kann. Das Erkennen der Welt, welche in einem Klang durch den Fluß des Klangs dargestellt ist, ist die Gleichheit der Gleichungen von Klang und Welt. Das Zuordnen eines Klanges zu einem Musikinstrument ist ein Gleichen auf wieder anderer Ebene, wie auch z.B. das Heraushören einzelner Sinuskomponenten. Ein Klang ist ein Universum, weil der Fluß des Gleichens von Klang und Welt gleich und von gleicher Einfachheit ist. Ihre Existenz ist nicht materiell, sie existieren nur als Gleichen. So sind sie nicht analog im Sinne eines Nebeneinander, sie sind in der Tat eins. Das Nicht-gleich-Sein könnte nur stattfinden, wenn sie Materie und damit an anderen Orten zu anderen Zeiten wären. Da die Form der Existenz aber allein das Gleichen ist, sind sie ungetrennt als Gleichung eins.

Neben dem Klang gilt als zweites Grundelement der Musik der Ton. Klang und Ton aber sind einander gleich. Der Ton wird aus dem Klang zurückgeführt, der Klang ist eine Geschichte des Tons. Die Sprache von Klang und Ton ist eine zweite Sprache neben Klang oder Ton als sprechende Gleichungssysteme. Klang spricht von der Geschichte des Gleichens, Ton von der Gleichung an sich. So ist der Klang das *regendum*, der Ton das *regendum ratione* oder das *ratione*. Der Klang ist der Fluß, während der Ton die Gleichung dieses Flusses ist. Diese Gleichung erlaubt viele Variationen, derselbe Ton kann in vielen verschiedenen Klängen da sein. Neben verschiedenen Instrumenten kann so das Gleichungssystem Ton auch in Notenschrift vorliegen. Die Gleichung zeigt sich als Graphik. Die Graphiken, die dieser Gleichung Ton entsprechen können sehr verschieden sein, doch müssen alle Möglichkeiten die Gleichung des Tons als Fluß zurückführend Gründen. Eine Graphik, die dieses Gründen außerhalb ihres Flusses hat ist keine Gleichung des Tons mehr. Der Ton als Gleichung ist aber nicht vor den Erscheinungen da. Er ist die Gleichung der Erscheinungen. Die Tatsache, daß der Ton einfach ist, läßt die Sprache der Musik universell werden. Die pure Tatsache aber, daß die Gleichung des Tons vorhanden ist läßt den Ton bereits erklingen, läßt ihn aufgezeichnet finden usw. Der Ton ist die Gleichung und damit niemals materiell. Ebenso ist der Klang der Fluß von Gleichungen und somit ebenfalls nicht materiell. Die Materialität steht außerhalb des Gleichens als Zurückführen, so daß es Materie im klassischen Sinne nicht geben kann.

So ist auch der Rhythmus Teil des Flusses. Die Gleichung von Rhythmus und Klang ist dieselbe. Der Klang kann nur aus periodisch sich vollziehenden Sinusbewegungen hervorgehen. Diese Sinusbewegungen sind bereits periodisch, also rhythmisch[7]. Die Musik ist an den objektiven Fluß der Welt gebunden. Dieser Fluß kann durch die Periodizität von Pendeln oder Quarzkristallen gleichend zurückgeführt werden. Die Gleichung dieser außermusikalischen Rhythmik mit der Rhythmik der Musik läßt den musikalischen Rhythmus überhaupt erst funktionieren. Der musikalische Rhythmus ist kein Fluß, sondern ein Gleichen. Er entspricht dem Ton, nicht dem Klang. Er ist die Gleichung selbst. Erst die Bewegung des Musikstückes in verschiedenen Teilen, die Entwicklung des Rhythmus, seine Veränderung ist ein Fluß dieses einen Gleichens. Ändert sich der Rhythmus in einem Stück grundlegend, dann ist die Gleichung die der beiden Rhythmen. Die Rhythmen selber sind dann der Fluß des

Gleichens und wir erkennen hinter dem grundlegenden Rhythmuswechsel ein tieferes System von Rhythmus, welchem dem Stück zugrundeliegt, welches das Stück ist.

Die Gleichheit verschiedener Rhythmen und Melodien mit bestimmten Stilen, inner- und außermusikalisch, ist dasselbe Prinzip wie das des Rhythmuswelchsels. Die Gleichung ist hier zwischen Musikalischem und Außermusikalischem. Die Bedeutungen sind die Gleichungen dieses zurückführenden Gleichens. Sie können in beide Richtungen gelesen werden. Entscheidend für die Bedeutung ist nicht die Bedeutung selbst, sondern das Gleichen. Im Gleichen und während des Gleichens, erkennt, denkt, fühlt und handelt man entsprechend den vorliegenden Gleichungen. Das Tanzen ist ein ständiges Gleichen von Körper und Musik, das Singen ist ein Gleichen von vorgestelltem Klang und über die Ohren aufgenommenem, das Hören ist ein Gleichen der Musik als Musik in ihrem Fluß, ihren Strukturen und Bedeutungen, das Analysieren von Musik ist ein Gleichen der Musik mit Gleichungssystemen aus Mathematik, Physik, Musiktheorie, welches Gleichen als direktes Verstehen oder als Gleichen durch eine Zweitsprache erfolgt. Das Komponieren ist ein Handeln, ein Gründen, welches den Fluß geht, der gegangen werden kann. Der Fluß der Musik ist ein Gründen. Das Gründen ist die einzige Form der Existenz. Das Komponieren ist ein Fließen auf dem zurückführenden Gründen. Das Fließen auf dem Gründen kann jede beliebige Form annehmen. Abrupte Wechsel im Fluß, wie im New Yorker Avangarde-Jazz der 90er Jahre, etwas von John Zorn, sind ein Fließen auf dem Fluß der Musikgeschichte. Das sanfte Dahingleiten einer Klavierimprovisation von Keith Jarrett ist ein Fluß auf einem einzigen musikalischen Gedanken, der sich fortentwickelt. Die Sympathie für einen Fluß ist die Gleichung dieses gehörten musikalischen Flusses mit dem Lebensfluß des Hörers. Die gelungene Gleichung ist heil. Die Gleichung eines Hörers zwischen seinem Lebensfluß und dem Fluß der Musik, die gelingt, macht glücklich, ist ihm sympathisch. Die Ablehnung eines Musikstücks ist daher nur auf seine Sympathie mit dem musikalischen Fluß zurückzuführen.

e) Farbigkeit und Musik in Raum und Zeit

Die Farbigkeit ist ein Gleichen in Relationen. Die Relationen sind in der Helligkeit, wie in der Farbigkeit. Die Relationen der Helligkeit ist kontinuierlich und hat einen absoluten Nullpunkt, die Dunkelheit. Die Relationen der Farbigkeit, des Rot, Gelb, Blau usw. sind Relationen der Qualität. Die Farbe Rot heißt Rot im Gegensatz zu Gelb oder Blau. Die Zusammenmischung aller Farben zu Weiß beim Licht und zu Grau bei Materie ist die Gleichung. Das Hinzufügen oder Wegnehmen eines Anteils führt zur Farbigkeit. Ebenso ist es in der Musik. Die Zusammenfügung aller Töne ergibt sogenanntes weißes Rauschen. Das Hinzufügen oder Wegnehmen einzelner Anteile färbt das Rauschen in sogenanntes rosa oder etwa blaues Rauschen. Erst wenn die Hinwegnahme soweit geht, daß nur noch eine zeitliche Periodizität vorhanden ist, ein Sinuston mit oder ohne seine Obertöne, dann ist ein Ton vorhanden, wie beim Licht nur eine einzige Periodizität der Zustand einer der Grundfarben ist. Die Gleichung ist das Zusammengeführte. Die Hinwegnahme eines Teils aus dem Zusammen führt zu einer Farbe oder einem Ton. Das Gleichungssystem ist dann zu einer Ungleichung geworden. Das Durchlaufen der Tonleiter ist der Fluß durch die Gleichung, ist ein ständiges Gleichen und Vergleichen eines Tones, einer Farbe mit einer anderen vorhergehenden oder kommen. Aus diesem Grunde kann das Tonsystem, wie das Farbsystem in innerer Unendlichkeit weiter verfeinert und unterteilt werden, in Halbtöne, Vierteltöne, Achteltöne usw[8]. Die gesamte Gleichung ist alles, was sein kann. Sprechen wir von Musik und Tönen, dann ist alles, was vorkommen kann in weißem Rauschen enthalten. Das Zurückführende Gleichen in dieser Gesamtgleichung ist also ein Vergleichen und ein Ungleichen in einem Teil dieses Gesamtsystems. Anders könnte es keinen musikalischen Sinn oder Verstehen geben, alles würde identisch klingen. Dies ist nicht der Fall. Das Tonsystem ist somit synästhetisch mit dem Farbsystem und so auch mit jedem anderen System, von dem es eine Vollständigkeit gibt, gleich[9]. Die Gleichung zwischen Hören und Sehen überhaupt ist die zwischen Zeit und Raum, welches beide wieder Existenzen im Sinne des Gleichens sind. Die Gleichung zwischen Raum und Zeit ist die Gleichung zwischen Zeitlosigkeit und Zeit. Zeit ist die Gleichung als Fluß. Ein Zeitpunkt ist der zeitlose Zustand als Gleichungssystem jetzt hier. Das *regendum* als Zurückführen ist die

Abfolge, der Akt, als Zeit, das *ratione* als Grund ist der Raum als ein Teil der Gleichung. *Somit ist der Raum eine Funktion der Zeit.* Wie die Farbe, das Bild ein Grund, eine *ratione* ist, so ist die Musik als *regendum* das Zurückführen, der Akt. Raum und Zeit sind die Grundgleichung des *Nihil est sine regendum ratione*. Die Musik als Akt ist also die Gleichung zweier Zustände im Vergleich zum Bild als Grund welches das Ergebnis der Vergleichung ist. Da alles Existierende Grund wie Gründung, also Gleichung ist, ist Musik und Bild oder Farbe gleich. Die Töne sind als Gleichen das, was die Farben als Gründen sind. Ihr Sinneneindruck als Teil des Gleichungssystems des hier und heute Sehenden und Hörenden ist die Gleichheit von Fluß und Grund.

Die Musik als System für sich findet nun die Töne als Grund der Vergleichung der Abfolge. Was in der höheren Vergleichung mit dem Bild der Part des Aktes im *regendum ratione* war, wird bei Betrachtung der Musik allein zu einer Gründung für sich. Hierin ist der Ton der Grund, wie die Musik der Fluß ist. Dasselbe gilt für die Farben. Im Vergleich mit der Zeitlichkeit der Musik war sie der Grund, um nun in ein System von zurückführendem Grunde nun Grund und Vergleichung zu sein. Beides in dem Sinne, die wir oben genannt hatten. Die Gleichung ist die Weißheit beim Sehen und Hören. Die Farbigkeit und Tonigkeit sind Teile der Gleichung.

Da beide Systeme von einer Gleichheit ausgehen, um sich dann zu unterteilen, sind auch diese Unterteilungen notwendig gleich. Die Gleichheit fordert ein in sich geschlossenes System. Soll in diesem System nur die Gleichheit und nicht die Identität herrschen, wie es der Satz vom Grund verlangt, da nur dadurch überhaupt eine Gründung möglich ist, dann muß jeder unterscheidbare Ton eine Eigenheit besitzen. Anderenfalls wäre er nicht unterscheidbar. Die Unterscheidbarkeiten gleichen das System zu einem. Die Gleichheit der Töne ist ihre Einheit. Die Identität wäre ein Verlöschen allen Unterschieds, welches im Tonsystem nicht der Fall sein kann, da wir verschiedene Töne unterscheiden. Der Grundton ist der erste. Dies aus dem Grunde, da er der Grundton ist. Die Vergleichung verlangt einen Unterschied im Gleichen. Der erste Unterschied ist der des ersten, auf welchen die anderen folgen. Dies ist die Empfindung und die Erkenntnis des Grundtons. Er ist notwendig da, wenn es eine Unterscheidung gibt. So baut sich dann das Tonsystem auf aus fünf, sieben, zwölf, zweiundzwanzig[10] usw. Tönen. Die Differenzierungen finden immer innerhalb des Systems statt. Welches des Grundton ist, ist innermusikalische beliebig.

Die Beliebigkeit der Grundfarbe ist ebenfalls innerfarblich notwendig. Erst die Gleichung von außerfarblichem mit farblichem macht rot zur Grundfarbe, da sie die tiefste im Spektrum des sichtbaren Lichts ist. Auch der Grundton der Musik wird als tiefster Ton, als Boden gehört. Dieses oben und unten, Boden und Decke ist ebenfalls ein Gleichen mit außermusikalischem und außerfarblichem.

f) musikalische Stille

Das Nichts ist der Grund des Seins. Das Sein ist der zurückführende Grund des Nichts als eines Ist. Die musikalische Stille als Ist, das nichts ist, ist das Nichts der Musik als Sein. Die Räumlichkeit, die die Stille bildet ist keine Abwesenheit von Musik. Die Pause in der Musik ist Musik. Die Musik ist die Gleichung zwischen Sein und Nichts, zwischen Ton und Klang und der Stille. Wäre die Abwesenheit von Ton und Klang die Potentialität von diesen, dann wäre alles außermusikalische Musik. Dies ist aber nicht der Fall. Die Stille in der Musik ist der zurückgeführte Grund von Klang und Ton. Die Gleichung entspricht der von Ist und Gegebenem. So wie das Ist als Nichts der Grund des Gegebenem ist, so ist die Stille als Nicht der Grund für Klang und Ton. Nichts ist außer der Gleichung. So ist die Stille als Existenz wie der Ton als Existenz ein Gleichen. So also, wie der Ton ein Gleichungssystem ist, so ist die Stille die Grundlage dieses Gleichens, das Gleichheitszeichen. Dieses Gleichheitszeichen kann kein bestimmter Ton sein. Ohne das Gleichheitszeichen aber ist kein Vergleich. Die Stille ist das Gleichheitszeichen der Vergleichungen. Es ist die reine Vergleichung ohne ein rechts oder links von Termen neben dem Gleichheitszeichen. Das Gleichen der Musik als in sich selbst ruhend ist die Möglichkeit der Musik aus dem Gleichen, aus dem Fluß auszusteigen und das Gleichen selbst darzustellen. Die Darstellung dieses Gleichens ist ein Innehalten, da es ein ausgezeichnetes Ist ist, das des Gleichens selbst gegenüber den konkreten Gleichungen. Die Pause wird so als Anhalten des Flusses wahrgenommen, da hier kein Gleichen stattfindet. Das Gleichen an sich ist nicht mehr vorhanden, nur das Gleichheitszeichen. Es ist jegliches konkretes Gleichen davor und danach angesiedelt. Das erst macht die musikalische Pause zu Musik. Die Anwesenheit von konkreten Gleichungen davor und danach läßt uns die Pause mit diesen konkreten Gleichungen vergleichen. Das Gleichen von konkreten Gleichungen und dem Gleichheitszeichen als Pause läßt die Pause musikalisch werden. Dies ist eine weitere Form der Einfachheit von Musik, welche die grundlegenden Eigenschaften von allen Gleichungsgeschichten gleichend denk- und erfahrbar macht.

Die musikalische Pause ist eine Handlung. Diese Handlung ist der Grund. Der Grund ist die Handlung, da die Handlung ein Grund ist. Das zurückführen als Gründen ist ein Akt des Gründens, ist der Fluß. Dieser ist ein Denken, ein Weitergehen. Die Handlung aber ist der Grund, da dieser selbst nur Gleichung sein kann. Ein geschehenes oder vorliegendes Gleichungssystem ist eine Handlung, da nichts materielles vorhanden ist, nur ein Gleichen als Akt. Die Handlung ist der Grund. Die Pause ist der Grund des Tons. Die Pause ist so die Handlung. Die Pause ist aber das Gleichheitszeichen an sich. So ist die Pause die Handlung an sich. Die Handlung ist das, was in sich geschlossen vorliegt. Die Pause als die in sich geschlossen vorliegende Handlung wirkt auf uns als eine Handlung. Die Pause ist nicht nichts. Die Pause kann beeindrucken, sie kann spannend sein oder langweilig. In allen Fällen ist sie eine Handlung, kein nichts. Der Charakter der Pause ist durch die Art der Pause, also durch die Umgebung der Pause bestimmt. Die Pause selbst aber ist eine abgeschlossene Handlung als Handlung. Die Handlung der Pause bestimmt den Fortgang. Der Fortgang ist ein fortführendes Gleichen in Tönen nach der Pause. Die Pause ist Handlung und als solche von großer Sensibilität. Die Sensibilität ergibt sich aus der Handlung als reine Potenz. Die Handlung ist sensibel, weil sie durch jedwedes weitere Gleichen zerstört wird. Die Sensibilität der Pause ist ihre Stärke. Die umliegenden Gleichungen der Pause leben und wirken mit dieser Sensibilität. Die Stärke der Pause liegt u.a. in der Rückführung des Gründens der Klänge auf die Rückführung an sich. Dies ist Befreiung. Die Befreiung ist die Loslösung des Gleichens aus der konkreten Gleichung hin zu dem

Gleichen, als Gleichen an sich. Es ist die Metaebene des Gleichens, es ist das Gleichen selbst.

§ 3 Musikalische Ethik

Die Ethik musikalischer Gleichungen entspricht dem Gleichen des musikalischen Flusses mit sich selbst. Dieses Gleichen ist ein Zurechtrücken, wie ein Aufnehmen. Das Zurechtrücken besteht aus dem Gleichen des geglückten Gleichens im Musikstück, welches heil ist, mit dem Leben des Hörers, welches ins Stocken geraten und damit unheil ist. Dieses Zurechtrücken ist somit ein Voranbringen, ein Wieder-in-den-Fluß-Bringen durch die Gleichung des stockenden Lebens des Hörers mit dem geglückten Zurückführen der Musik. Die Art der Gleichung der Musik und damit die Musik, die dafür benötigt wird muß dem folgendem Fluß des Hörers entsprechen. Die Musik als Existenz ist das Idealbild des Lebens eines bestimmten Menschen zu einer bestimmten Zeit, wenn der musikalische Fluß dort ansetzt, wo der Mensch stockt und die Gleichungen durchführt, die die nächsten möglichen sind. Dadurch wird der unheilige Zustand des Menschen heil, der Fluß des Zurückführens ermöglicht.

Das Aufnehmen der Musik ist ein Lernen und Erkennen. Die Musik ist als Existenz eine Welt. Diese Welt kann erforscht werden. Das Erkennen und Erlernen dieser Welt entspricht einem Erkennen und Erlernen alles möglichen Seienden als Gleichungssystem. Das erlernte Existierende der Musik ist gleich dem außermusikalisch existierenden. Das spätere Auffinden von außermusikalischen Gegebenheiten enthält dann nicht mehr den Charakter des Neuen, sondern nur den des auch-dort. So ist Erfahrung alles Möglichen durch Musik möglich, gleichwohl selten. Dies einmal, da die Welt als oft unheiler Ort unheile Musik zum Erlernen benötigte, also eine Musik, die als Aufgabe unheilig komponiert wurde. Diese Musik wird selten gehört. Dann auch, weil Musik das Leben in der Welt nur dann 'ersetzen' kann, wenn der Mensch keine nötige Verbindung in die Welt unterhält. Die Tatsache der körperliche Existenz in der außermusikalischen Welt macht das Leben allein in Musik jedoch unheilig.

Das Gleichen ist ein bodenständiges Tun. Es findet auf dem Acker statt, nicht zu Hause. Dieses Gleichen ist ein In-sich-gehen. Es ist ein Sich-mit-den-Dingen-beschäftigen, ein studieren. Das Gleichen ist ein in der Ebene der Musik sein und hier die befindlichen Mittel und Wege erforschen und kennen. Dieses Gleichen ist alternativlos. Es ist ein Sich-auf-der-Reise-Befinden. Es geht über den bisherigen Horizont hinaus und es wird vom bisherigen Horizont getragen. Es erstreckt sich über Weiten, welche die ausgängliche Forschung nicht zu träumen wagte. Dies ist es, was man Leben nennt. Das Anhalten dieses Lebens, was man Unheil nennt, führt zu Stockungen im Verstehen der Musik und der Welt. Diese Stockungen führen zu falschen Interpretationen oder nicht verstandenen Äußerungen. Die Unzufriedenheit dieser Stockungen überträgt sich auf die Welt. Dies produziert weitere Stockungen in der Welt, die Welt hält sich zunehmends an. Die Stockungen können nur überwunden werden, wenn die Welt in sich als Gleichung und Gleichnis begriffen wird und dieses Begreifen sich auf eine ständige Erneuerung der immer gleichen Gleichungen erstreckt. Die Begrifflichkeiten sind die falschen. Die Begriffe sind die richtigen. Begriffe meint hier die immer wieder auftauchenden Unfertigkeiten im System des Gleichungsapparats. Diese müssen auftauchen, soll nicht die Identität erlangt werden. Diese aber ist die Existenz an sich. Alles Existierende muß weiter gleichen, um zu leben, denn leben und vergleichen, gleichen, zurückführen auf den Grund ist dasselbe. Die Gleichungen von heute sind die Gleichungen von morgen. Die Gleichung des Teils des Gleichungssystems aber sind immer andere. Die Welt, welche nicht weiter gleicht und vergleicht ist Unheil.

Das Leben des Musikers ist ein Leben in einfachen Gleichungen. Es ist das Erleben von Einfachheit, es ist das tägliche Auffassen von Gleichem, das Erleben des Gleichens selbst, welches substanzlos und geschichtslos ist. Dies ist im günstigsten Fall ein Leben im Fluß des musikalischen Akts. Dieser Akt ist sich selbst genug. Er überschreitet keine Grenzen, wenn er nicht soll. Er findet sich selbst in sich selbst. Er ist das Gleichnis der Natur und des Lebens, da nichts existieren kann ohne Gleichung zu sein. Er ist sich selbst und anderen ein Vorbild. Dieses Vorbild ist das der Einfachheit. Er gibt nichts, was er nicht geben will und er nimmt nichts, was er nicht nehmen will. Dies ist im Fluß nicht möglich, weil der Fluß ein fortfahrendes Gleichen ist und nicht ein Eingreifen in einen zweiten

Fluß. Dieses Gleichen des Fließens ist in sich geschlossen. Es kann zwar jederzeit aufgebrochen werden, doch ist die Kunst eben, den Fluß zu halten. Das Halten des Flusses ist das Fortfahren des Gleichens. Der Musiker ist wie der Mathematiker ein Vorbild, da das fortwährende Gleichen für andere ein Vorbild ist. Die Gleichung als fortwährende Gleichung ist ein Weiterschreiten im Akt. Dieses Schreiten ohne Zögern, wie es die Musik fordert, ist ein Vorbild für das außermusikalische Leben. Dies ist in der Mathematik wie in anderen einfachen Künsten und Wissenschaften der Fall. Das stetige, gründende Fortschreiten ist das Heil des Fortkommens. Es gibt hierzu keine Alternative außer dem Stillstand, dem Unheil. Das Heil ist das Fortschreiten, weil das Stillstehen das Ende des Fortschritts ist. Der Fortschritt ist unumgänglich, das Gleiche des Fortschritts aber ist es ebenfalls. Die Ethik der Musik ist die Musik selbst. Die Musik ist als Vorbild und als ethisches Konzept sich selbst genug. Die Differenzierung der Musik in ethische Bestandteile ist nicht von Belang. Sie ist die Untergliederung in Bedeutungen. Diese sind es, welche Festzustellen sind. Die Ethik ist somit nichts, als die Beziehung von Gleichen und Zurückführen. Sie ist nicht die Lehre von Ursache und Wirkung, da hier Begriffe benutzt werden, die zwar praktisch sind, aber nicht den Fluß zeigen. Die Ethik ist Lehre von Ursache und Wirkung auf praktischem Gebiet. Sie ist es nicht als Weiterschreiten in der Welt, als Fortführen des Zurückführenden Gründens.

Das Wesen der Ethik ist die Reinheit. Die Ethik ist daher rein, weil sie nichts konkretes ist. Es haftet ihr nichts an. Die Ethik ist nichts weiter, als ein Fortfahren auf dem Fluß. Das Fortfahren selbst ist aber nichts Konkretes, es ist ein Abstractum, es ist das Gleichen selbst, es ist die Begründung. Ethik heißt daher nicht einem Katechismus folgen. Sie heißt aber auch nicht, von Ursachen auf Wirkungen schließen. Sie heißt Fortführen des Gleichens, Im-Fluß-Bleiben. Nur hierdurch ist Ethik die Lehre vom Guten, vom Heil. So führt die Ethik der Musik auch nicht auf ein Ziel zu. Sie ist nicht das Erreichen eines bestimmten Stils oder einer bestimmten Gattung. Sie ist aber auch nicht das Beliebige Nebeneinander. Das Nebeneinander ist unzusammenhängend. Die Ethik spricht aber von Rückführung, von Gründen, von einem Fluß. Das beliebige Nebeneinander ist nicht befriedigend, es ist nicht bodenständig. Es ist das ständige Verlassen des einen Flusses und das Aufspringen auf einen zweiten.

Dies 'führt zu nichts' wie man sagt.

Die Unzusammenhangslosigkeit des Nebeneinander ist die Ursache des Unheils schlechthin. Unzusammenhängend ist etwa das falsche Urteil. Das Urteil, welches sich auf etwas bezieht, was nicht auf den Sachverhalt gegründet ist, ist von Unheil. Die Freiheit ist, sich auf etwas konzentrieren zu können und dessen Inhalt glasklar zu erkennen. Die Freiheit ist also ein Vermögen. Das Vermögen ist das Vermögen des Dabeibleiben-Könnens. Dies ist Freiheit des Geistes. Die Unterscheidung von Geist, Tun und Führen ist wie oben erklärt eine höchstens praktische. Alle drei sind die Einheit, die sich im Satz vom Grunde ausdrückt. Nichts ist ohne zureichenden Grund sagt deren Einheit im Akt des *regendum ratione*. Dies aber ist reiner Zusammenhang, ist Zusammenhang an sich als das Gleichen. Die Gründe für ein bestimmtes Gleichen können mannigfaltig sein. Deren Einfachheit aber kann in der Musik als dessen grundlegende Eigenschaft festgestellt werden. So ist Musik als solche heilig.

III

Das Gründen in der Philosophiegeschichte

§ 1 Mimesis

a) Die Mimesis musikalischer Akustik

Mimesis heißt Nachahmung. Sie ist ein Begriff der Griechen, vor allem bei Aristoteles in der Poetik gebraucht[11]. Zur Nachahmung gehören zwei Dinge. Zuerst muß ich das, was ich nachahmen will erkennen, um es dann nachahmen zu können.

Das Erkennen sowie das Nachahmen können gelingen, sie können aber auch mißlingen. Es gibt offenbar ein Kriterium, das sagt, ob die Nachahmung dem Original entspricht oder nicht. Können nur Teile des Originals nachgeahmt werden, dann sprechen wir von einer teilweisen Nachahmung, die gelungen ist. Es kann aber auch die Nachahmung mißglücken, es wird etwas anderes zur Darstellung gebracht, als als Original vorliegt. Dann ist keine Nachahmung vorhanden. Die Nachahmung selbst ist rein intuitiv. Ein Schauspieler, der mimetisch einen Charakter darstellt tut dies im Augenblick. Ein Musiker, der die Mimesis eines bestimmten Musikstils, einer Gattung, eines Ausdrucks in Musik versetzt, weiß im Augenblick, was er tut und tut es ohne nachzudenken. Die Mimesis ist spontan.

Die mimetische Nachahmung ist weit davon entfernt, eine Eins-zu-Eins-Übersetzung von etwas vorgespieltem zu sein. Das Vorgespielte wird nur in seiner Essenz nachgeahmt. Diese Essenz ist oft durch ein Wort oder einen Begriff bezeichnet. Die Nachahmung dieser Essenz kann so äußerlich in völlig anderer Gestalt geschehen, als das Vorbild aussah. Dies ist die Stärke und das Wunder der Mimesis. Es ist das Gleiche, was dargestellt wird, es erscheint aber äußerlich in völlig anderem Gewandt.

Die Zweiteilung von Mimesis in einen Teil, der betrachtet, anschaut, die Essenz begreift, und einen Teil, der diese Essenz 'in eigenen Worten' zur Wiederaufführung bringt, ist Grundlage der Übersetzung. Es wird der Gehalt, die Essenz von einem Äußerlichen zu einem Äußerlichen übersetzt, hinübergetragen. Dieses Hinübertragen ist ein Übersetzen ganz analog dem des Übersetzens von Prosa oder Lyrik von einer Sprache, etwa dem Chinesischen, in eine andere, etwa dem Deutschen. Die äußere

Form des geschriebenen im Chinesischen hat kaum Ähnlichkeit mit der äußeren Form des geschriebenen Deutschen. Zwei Blätter Papier liegen nebeneinander, das eine in chinesischer, das andere in deutscher Sprache. Beide enthalten denselben Inhalt, beide sehen anders aus. Die Übersetzung ist dann gelungen, wenn beide Inhalte dieselbe Essenz, denselben Gehalt haben. Hier dürfen sogar der Satzbau, die Anzahl der Sätze, ja sogar der Verlauf der Darstellung in beiden Sprachen verschieden sein. Solange die Übersetzung desselben Inhalts ist, handelt es sich um eine Übersetzung. Dies ist bei Musik ganz analog. Wenn der Inhalt eines Stückes die Trauer ist, wie z.B. bei Klangegesägen in Nahen Osten oder bei einem irischen Lament, dann ist eine Übersetzung des Klangegesangs in das Lament eine mimetische. Die Klage, das also, was mit dem Stück gesagt werden soll, sein Inhalt, seine Essenz, ist dieselbe.

Nun ist, um bei diesem Beispiel zu bleiben, die irische Klage von ganz anderer Art, als die des Nahen Ostens. Während man bei den Laments eine eklektische Trauer beobachten kann, die zwar traurig, aber in Schönheit traurig ist, ist die des Nahen Ostens weit mehr von Schmerz und Kummer geprägt. Verfeinern wir also den Anspruch der Übersetzung und nehmen die Art der Trauer mit in die Übersetzung, dann würde unser Lament, in den wir die Klage des Nahen Ostens übersetzen wollen, anders klingen müssen. Es würde wohl ein expressiverer Lament, den es in dieser Kultur durchaus auch gibt, der aber nicht mehr typisch irisch wäre. Wäre dies durch einen Musiker in dieser Art interpretiert, dann klänge für uns der Lament weiterhin gälisch, doch er hätte einen Einschlag, den wir auch als arabisch oder bulgarisch beschreiben könnten. Diese Art des Klangens wäre im Lament mimetisch abgebildet.

Die Verfeinerungen können beliebig sein. Doch auch bei noch so verfeinerter Mimesis, der Lament wäre weiterhin in gälischem Stil, der Klagegesang des Nahen Ostens weiterhin im Musikstil dieser Region. Die mimetische Abbildung des darzustellenden Gehalts ist in jedem dieser Stile möglich, ohne den jeweiligen Stil zu verletzen.
Mimesis ist nicht Äußerlichkeit, obwohl nur die äußerliche Darstellung, die Noten, der Rhythmus, die Phrasierung usw. genügen, um das Stück darzustellen. Die Äußerlichkeit ist die Folie, die den Gehalt darstellt. So kann aber ein und derselbe Gehalt, in allen nur erdenklichen Nuancen

mit unendlich vielen verschiedenen äußerlichen Folien, sprich Notentexten, dargestellt werden.

Und doch gibt es ebenfalls eine Mimesis eines Stils. Die typischen Phrasen eines Musikstils können ebenfalls nach ihrem Gehalt mimetisch dargestellt werden. Ihr Gehalt kann bestimmt werden. Es gibt auch auf elementarer Ebene, in Rhythmen, Phrasen, Tonarten und auf abstrakter Ebene, in harmonischen Systemen, Formaufbauten, Zyklen, eine Essenz, die mimetisch auch in benachbarte Künste übersetzt werden kann. Das Erfassen dieser Momente, das Erkennen und Erleben dieser Gehalte liegt meist nicht auf der Ebene täglicher Betrachtung von Musikern oder Hörern. Dies ist oft der Grund für die Unsicherheit in der Beurteilung dieser Essenzen. Der Abstraktionsgrad dieser Ebenen ist bereits so hoch, daß er alltäglich praktisch nicht mehr vorkommt. Er ist auch meist nicht wichtig für das Hören und Verstehen von Musik. Doch er spielt in der Musikgeschichte eine entscheidende Rolle. Der Wechsel von der Einstimmigkeit des gregorianischen Gesangs zur polyphonen Mehrstimmigkeit von Madrigalen, der Wechsel dann von der Polyphonie von Schütz zur Homophonie Beethovens über die Mischformen dieser Gattungen bei Bach wird mit einem Mentalitätswandel assoziiert. Dieser Mentalitätswandelt führt von der Vorstellung eines gemeinschaftlichen und gleichwertigen Musizierens der verschiedenen Stimmen hin zu einer Beziehung von Melodiestimme zu Begleitung, also eines individualisierten Einzelnen zu einem undifferenzierten Hintergrund. Dies ist eine Mimesis der gesellschaftlichen Realität hinein in Musik, eine Übersetzung der herrschenden Werte und Gesellschaftsform in die musikalische Struktur. Hier handelt nicht ein einzelner Musiker, der, von einem Gefühl getrieben, dies zu Musik macht und damit das Gefühl mimetisch in Musik darstellt. Hier handelt eine Gesellschaft, die das herrschende Bild des Verhältnisses zwischen Einzelnem und Gesellschaft in Musik ausdrückt, in einem mimetischen Moment[12].

Das mimetische Übersetzen ist eine Arbeitsform, die von Künstlern ständig und unablässig angewandt wird. Sie beschreibt damit das Bewußtsein des Künstlers. Sie ist eine Technik und eine Realität. Sie ist frei von Analyse, die bewußt geleitet wird. Dazu ist keine Zeit und kein Raum. Auch ist dies nicht Ziel und Handlungsbedürfnis des Musikers. Es ist nicht das, wofür er lebt und arbeitet. Das Erleben zählt für ihn und das Verstehen. Der Grad des Verstehens bestimmt dabei den Grad des Erlebens. Was nicht verstanden wird, wird als Undifferenziertes, meist Nervendes begriffen. Das Verstehen ist die Grundlage für das Erleben. Dieses Verstehen kann über Reflexion erreicht werden, die der Arbeit vorangeht. Musikunterricht ist nichts anderes, als ein zunehmendes Verstehen von Musik. Hier geht es um Technik, wie um musikalischen Ausdruck. Verstehen muß dann geübt werden. Erst in der Wiederholung des Gleichen, im Üben von Stücken, im Hören von Musik, bildet sich ein Verstehen aus. Beide Methoden, die Reflexion und das Üben durch Wiederholung führen zum Ziel. Die Idealform ist die Kombination beider. Hier stützt das eine das andere. Das Erleben der Musik kann aber nur dann erfolgen, wenn sie verstanden ist.

b) Mimesis als *regendum ratione*

Wie nun ist Mimesis gegründet auf dem Satz vom Grund? Die Antwort scheint erst auf der Hand zu liegen. Mimesis als Übersetzung von einer Kunstart in eine andere, von Gesten und Bedeutung in Musik entspricht dem *regendum* als Gleichheitszeichen. Es werden zwei Dinge gleichgesetzt, Trauer mit einem Lament. Der Lament ist die Übersetzung der Traurigkeit, das Lament greift auf seinen Grund, die Traurigkeit zurück. Die Traurigkeit ist die *ratione* des Lament.

Dies ist eine mögliche Erklärung der Mimesis als Satz vom Grund. Eine andere zeigt sich in der momentanen, spontanen Übersetzung. Diese Gleichzeitigkeit wird vom Mimen als Nebeneinander von Ähnlichem gesehen, der Traurigkeit und dem Lament, welche gleichzeitig da sind. Doch ist das Lament gegründet auf die Traurigkeit. Zuerst war die Traurigkeit, jetzt ist die Traurigkeit und das Lament. Die Übersetzung erfolgt spontan als Zureichung. Dies ist die Erfahrung der ausführenden Mime. Das Zureichen ist aber wie ein Geben, welches momentan erfolgen kann. Das gegebene, die Traurigkeit wird nicht reflektiert, sie wird in den Lament zugereicht. Die Möglichkeit der Reflexion ist dadurch nicht benommen. Nur ist das Zureichen auch ohne Reflexion möglich. Das Zureichen erfolgt momentan, spontan und erfolgreich.

Es wird an Musikern, die ein Stück mit Gefühl spielen wollen, dabei aber nicht das Gefühl empfinden, sondern nur so tun, als empfänden sie, dieser Schein bemerkt. Der angewandte Trick ist der, ein Stück in seiner Feinstruktur so zu spielen, wie die Angehörigen der musikalischen Szene dies bei dem gewünschten Gefühl gewöhnt sind. Die Benutzung von Betonungen, Verzögerungen, Melismen oder Klangfarben, welche bei einer Aufführung, in der der Musiker wirklich das Gefühl hat, von diesem Musiker spontan als Übersetzung des aktuellen Gefühls vorgeführt werden, können von Nachahmern, die dieses Gefühl nicht fühlen gelernt und so reproduziert werden, daß der Schein entsteht, der Musiker habe wirklich das Gefühl, welches er zu haben vorgibt. Aber dieser Schein fliegt früher oder später auf, wir bemerken ihn an kleinen Ungenauigkeiten der benutzten Feinstrukturen. Dies kann einem Gefühl nicht geschehen. Ist der Musiker in einem Gefühl, dann ist er stilsicher. Die Übersetzung gelingt immer. Der Satz vom Grund sagt, warum. Es ist ein *regendum*, ein Zureichen, das geschieht. Das Zugereichte ist das Gefühl. Dem Musik wird zugereicht. Die Musik übernimmt das Zugereichte wie es ist, als Gefühl. Die Musik *bekommt* das Gefühl. Es muß dieses nicht noch übersetzen. Das Zureichen ist das Übersetzen. Die Musik ist das Gleiche wie das Gefühl, da das Zugereichte der Grund der Musik ist. Der Satz vom Grund beschreibt die Gleichheit zweier. Er beschreibt das Einssein dieser zwei. Die Mimesis ist das Zureichen des Grundes als Übersetzung[13].

§ 2 Phänomenologie

a) Phänomenologie als Bedeutung

Die Phänomenologie beschreibt die Phänomene der Wahrnehmung. Ihre Methode ist die Wesensschau. Ein Phänomen ist das, was uns erscheint. Dies ist durch die Sinnesorgane zu uns gelangt und wird von unserem Gehirn verarbeitet. Die Mechanismen dieser Verarbeitung sind Gegenstand der phänomenologischen Forschung. Als Phänomen gilt alles, was erscheint. Ein Tisch ist ebenso ein Phänomen wie die Liebe, die wir im Angesicht eines anderen Menschen erkennen. Die Phänomenologie erklärt somit, wie wir die Prinzipien, die hinter den Erscheinungen liegen, diese verursachen oder beinhalten, erfassen und erkennen. Dieses Erkennen kann auch auf sehr hohem Abstraktionsniveau stattfinden. Das Erkennen, daß hinter der Welt eine Welt ist, welches z.B. Jean Paul Sartre in seinem Roman 'Der Ekel' beschreibt, beschäftigt sich mit Phänomenen, die sehr hoch abstrahiert sind, wie z.B. Traurigkeit, die über einer Stadt liegt oder die Schmerzen der Individuation, des Erwachsenwerdens.

Die Phänomenologie hat auf viele Bereiche ihre Auswirkungen gehabt. In der psychologischen Forschung wurde sie ebenso betrieben, wie in Kunst und Kultur.

Die Wesensschau der Phänomenologie erfolgt über Reflexion. Das mir gegebene Bild ist mir in seiner Anschauung klar und deutlich. Dies ist bisher jedoch nur die Oberfläche. Es zeigt mir nur das Angeschaute. Diese Anschauung wird nun von mir reflektiert. Handelt es sich z.B. um eine Landschaft, dann ist die Anschauung, das Gegebene, etwa Bäume, Sträucher, Wiesen, vielleicht ein Fluß, der Himmel.

Diese Anschauungen sind streng genommen bereits Phänomene. Denn was mir auf elementarer Ebene gegeben ist, sind Farbpunkte. Diese Farbpunkte muß ich zu Konturen zusammenfassen. Diese Konturen ergeben Pflanzen, Bäume, ganz allgemein Dinge, die ich bereits kenne und als solche somit erkennen kann. Die Beschäftigung mit diesen elementaren Gegebenheiten war Teil der Gestaltpsychologie. Hier wurden fundamentale Eigenschaften, wie Ähnlichkeit, Nähe, Skalierbarkeit, Rhythmik usw. festgestellt. Diese Grundkategorien wurden zur Erklärung des Erkennens von Gegenständen aufgrund ihrer Form herangezogen. Diese elementaren Gegebenheiten entstehen automatisch. Ich brauche nicht zu reflektieren, um einen Hund als Hund zu erkennen. Ich sehe den Hund als Hund.
Die phänomenologische Methode der Wesensschau bezieht sich auf die Reflexion. Ich sehe Gegenstände, die ich momentan mit meinem Bedeutungssystem als diese Gegenstände erkannt habe. Die Reflexion nun erkennt die großen Zusammenhänge. Diese Zusammenhänge ergeben

sich durch ein Schauen. Dieses Schauen, diese Wesensschau besteht aus zwei Teilen. Zuerst müssen die Einzelheiten erkannt werden. Dann wird deren Zusammenhang verstanden[14]. Ist das Ganze nun als System erkannt, wird seine Gesamtbedeutung erfaßt. Das Reflektieren ist kein momentanes Erfassen. Es ist eine Beschäftigung mit dem Gegenstand. Es erfordert Mut, denn die Reflexion wird oft zu Ergebnissen führen, die wir zuerst nicht erwartet haben und in dieser Form vielleicht gar nicht haben wollen. Sie kostet Kraft, weil es einer Anstrengung bedarf, das Phänomen aus der Vielzahl von Erscheinungen zu erkennen. Und es kostet Erfahrung, die aus vielen vorherigen Wesensschauen gewonnen wurde, um das Ziel zu erreichen. Wie jede Methode oder Kunst bedarf es in der phänomenologischen Wesensschau einer Fertigkeit, die durch Übung gewonnen wird.

Die Wesensschau kann sich auf Grundgesetze allen Seins in der Musik richten. Hier entfaltet sie ihre wahre Kraft und kann Einblicke in Gesetzmäßigkeiten und Phänomene geben. Die Phänomene werden aus der Musik in der Musik erkannt. Es handelt sich also um außermusikalische Beschreibungen und Phänomene durch innermusikalische ästhetische Wahrnehmungen. Wenn Adorno das zweite Streichquartett von Béla Bartók als Statement gegen den Krieg versteht (ein Stück ohne Text oder programmatische Satzbezeichnungen), dann ist das durch eine Wesensschau dieses Quartetts gewonnen. Auch wenn das Tristan Vorspiel, das dreimalige, langsam lauter werdende Aufbauen des Tristan-Akkords als langsames Nahen einer mystischen Vergangenheit aus den Nebeln (leise) der Vorzeit in die Jetztzeit (laut) wahrgenommen wird, findet eine Schau des Wesens dieser Einleitung statt. Diese Wahrnehmung ist durch Reflexion gewonnen. Sie muß erarbeitet werden, das Stück muß oft gehört, ähnliche Werke Wagners und seiner Zeitgenossen gekannt und somit die Musiksprache internalisiert worden sein. Dies gilt auch für die Theatersprache oder die Musiktheatersprache einer Zeit, die Gestik, Mimik, das Bühnenbild usw. Aber nicht die Stilkenntnis als solche führt zum Erfolg. Nur dadurch, daß hier die zeitliche Aufgliederung des Tristanakkords in drei lauter werdende Teile dem Hervornahmen der 'Erinnerung' aus grauer Vorzeit strukturell entspricht, dadurch kann die Wesensschau gelingen. Nach langer Beschäftigung mit dieser Musik wird das Vorspiel, das zu Beginn von uns nur als langsam lauter werdende Einleitung gehört wird, plötzlich als gleichbedeutend mit dem Hervortreten aus vergangener Zeit wahrgenommen werden. Das Phänomen hat sich gezeigt, es ist aus der Wahrnehmung hervorgegangen. Es wurde durch den Weg der Reflexion zu einem entdeckten Phänomen, entdeckt daher, da es bereits vor unserer Entdeckung dort war, bereits andere haben es so vor uns gehört, es ist als solches in der Wesensgleichheit von musikalischer und inhaltlicher Struktur.

Die Anschauung ist, wie bereits oben erwähnt, eine hierarchisch gegliederte. Wir können bei den elementar gegebenen Sensationen beginnen, was beim Ohr den Druckschwankungen in der Luft an den beiden Trommelfellen entspricht. Diese werden bereits vom Innenohr phänomenologisch geschaut, nämlich in Frequenzen verschiedener Lautstärke umgewandelt. Das Ohr, als lebendes Organ, erbringt die erste Wesensschau. Ich kann in meinem Bewußtsein nur schwer auf diese elementare Ebene gelangen. Die Wahrnehmung von Musik als schnelle Abfolge von Druckschwankungen, und damit das Aufhören der Wahrnehmung von Sinustönen, gelingt mir nicht. Vielleicht gelingt sie einem Geübten. Doch dies ist auf dieser Ebene für mich kein Bewußtseinsinhalt, den ich im täglichen Leben benutzen sollte, da die Informationsdichte sehr groß ist. Ab hier jedoch, ab der bei gesunden Ohren stattfindenden Wesensschau der Ohren in Bezug auf die Druckschwankungen der Luft am Trommelfell, die Sinustöne in verschiedenen Lautstärken hervorbringt, kann ich einfach in das weitere System von Verarbeitungen eingreifen[15].

Die Hierarchie der folgenden Wesensschauen ist beliebig. Ich kann auf elementarer Ebene der Sinsutöne deren Lautstärkeunterschiede erfassen, ich kann Klänge wahrnehmen und sie miteinander vergleichen, sie Instrumenten zuordnen, ich kann Melodien wahrnehmen und in meine vorgefertigten Schemata des Tonsystems bringen, ich kann Akkorde wahrnehmen, die ich als Dur oder Moll, oder vermindert usw. erkenne. Ich kann dann meine Wesensschau auf die musikalische Struktur lenken, kann bei einem Rockstück das Schlagzeug vom Baß und den Gitarren trennen und so erst Rhythmus, Akkorde, Melodie und Sound unterscheiden, kann dann das Metrum als z.B. 4/4-Takt erkennen. Weiterhin erkenne ich vielleicht am Sound die Rockgruppe, die spielt, ich kann den Stil als Rock erkennen. Dies sind alles Ebenen der Wesensschau, die täglich gebraucht werden. Sie sind daher so automatisiert, daß sie spontan erscheinen. Dabei sind sie weiterhin reflektiertes Schauen.

Darüber hinaus nun beginnt der Bereich, den wir den Stil nennen. Dieser Stil wird auch durch eine Wesensschau festgestellt. Die neue Platte von Metallica ist wieder so, wie die alten Scheiben. Das Wesen dieser Platte, ihre Stil entspricht wieder dem alten Feeling, die Jungs sind wieder die Alten. Die Wesensschau ist hier soziologisch. Sie kann auch psychologisch sein, indem die Musik als 'verärgert' erkannt wird (was auch durch den Titel 'St. Anger' erwartet werden konnte)[16].

b) Phänomenologische Wesensschau als *regere*

Der Satz vom Grund spricht über das Wesen der Dinge. Deren Begrifflichkeit entsteht durch die Relationen der Gründungen zueinander. Das *regendum* ist ein Gleichheitszeichen im Sinne des Grundes. Dieses System von Gleichem entspricht den Phänomenen. Die Zurückführung auf den Grund ist die Wesensschau. Sie ist die Gleichsetzung. Das Anschauen einer Sache entspricht ihrer Gleichsetzung mit einer anderen Sache. Die Phänomene werden begründet, es wird ihnen Sinn beigelegt, indem sie verglichen und für gleich befunden werden mit den phänomenalen Beschreibungen und Begrifflichkeiten. Doch nicht nur die Begrifflichkeit wird erfaßt. Der Begriff subsummiert über das Wesentliche, er abstrahiert über die Gegebenheiten im Einzelnen. Er ist das Gesetz dieser Gegebenheiten. Der Satz vom Grund beschreibt die Gründung dieser Gegebenheiten im Phänomen aus dem Gesetz heraus. Dadurch entsteht Sinn. Dieser Sinn ist nicht entladen in der Welt. Er entspricht nicht etwa einem Auftauchen aus dem Nichts. Er ist mit sich selbst identisch und in sich selbst geborgen. Er entspricht sich selbst. Der Begriff ist im Begriff. Er ist im Begriff, auch diejenigen Teile des Phänomens zu durchleuchten, die nicht gesehen werden können. Diese Teile sind unsichtbar, weil sie verdeckt sind oder nicht im Blickfeld liegen. Diese Teile aber werden ergänzt durch das Gleichsetzen. Die Gleichheit der Dinge liegt also nicht in ihrer eins-zu-eins Übersetzung. Sie liegt verborgen und wird durch die Wesensschau, durch die Begründung ans Licht des Betrachters geführt. Die Schönheit, die das Betrachten an sich hat, ist gegründet auf diese

Gleichheit. Die Schönheit entspricht dem erfassen des Gleichen. Ist es das Gleiche, dann empfinden wir es als schön, da es wahr ist. Die Wahrheit entspricht dem Gleichsein[17].

Die Wesensschau ist in sich rund. Es bestehen keine Ecken oder Kanten in der Wesensschau in dem Sinne, daß es etwas gibt, was nicht ganz ins Bild paßt. Es ist ein sich in der Welt bewegen, als sich im Phänomen bewegen, wenn die Wesensschau stattfindet. Diese Bewegung in der Welt, im Phänomen, ist das Hineinversetzen in den Zustand des Phänomens. Er macht das Phänomen erlebbar, erfahrbar. Musik wird in seiner Phänomenalität erfahren dadurch, daß es in der Wesensschau erfaßt wird. Die Erzeugung von Schönheit liegt darin verborgen, daß das Wesen der Sache unbeeinflußt durch andere Sachen, Phänomene usw. in den Blick genommen wird. Dies ist die objektive Sichtweise. Das Subjekt muß sich in das Objekt verwandeln, es wird eins mit ihm im Erleben. Dieses Einswerden erzeugt die Schönheit des Betrachtens, da es in Wahrheit geschieht, also das Phänomen als Phänomen erlebt.

Der Satz vom Grund ist der Kern der phänomenologischen Wesensschau. Er beschreibt die Gründung eines Phänomens, eines, das Ist dadurch, daß es auf dieses Phänomen zurückgreift. Dieses Greifen ist aber kein Anfassen oder Zugreifen. Es ist eine Gleichsetzung, eine Schau. Die Wesensschau ist im Satz vom Grund gegründet. So ist auch das Nichts zu schauen. Es muß zu schauen sein, ist der Satz vom Grund wahr. Dieses Buch ist die Wesensschau des Satzes vom Grunde. Ist sie gelungen, dann kennen wir den Satz vom Grunde aus sich selbst, denn dieser Satz ist gegenüber anderen Sätzen dadurch ausgezeichnet, daß er das Ganze in seiner Ganzheit beschreibt.

Der Satz vom Grund ist aber noch auf eine andere Art Teil der phänomenologischen Wesensschau. Er ist sich selbst überlassen. Er agiert nicht aufgrund einer Ursache, er beschreibt die Ursache in ihrer Ursächlichkeit. Dies ist Teil des Satzes vom Grund. Dieselbe Art des Sich-Selbst-Überlassenseins ist in der phänomenologischen Wesensschau gegeben. Auch sie bedarf keiner Hilfsmittel, keiner Geräte, Kameras, Computer oder Diagramme. Sie bedarf einzig des Schauens oder Hörens oder Riechens, Schmeckens, Spürens. Dies ist sein Grund im Sinne der ursächlichen Begründung des Vermögens. Dieser Grund des Vermögens ist bei beiden gegeben, beim Satz vom Grund und bei der Wesensschau, ja es macht die Ursache der Wesensschau aus. Um objektiv und ohne Vorurteile ein Phänomen betrachten zu können braucht das Hilfsmittel der Betrachtung eine Begründung, die einzig in ihr selbst liegt. Denn gäbe es äußere Rahmenbedingungen dafür, dann wäre die Beobachtung, die Schau von diesen Bedingungen abhängig. Dies ist nicht der Fall. Der Satz vom Grund ist in sich begründet. Die Wesensschau ist von den Vermögen der menschlichen Sinne abhängig. Doch diese sind in sich unbegrenzt. Die Sinne der äußerlichen Organe sind in gewissen Rahmenbedingungen gegeben. Doch die Sinne des menschlichen Geistes, in dem die Wesensschau stattfindet, kennt diese Rahmenbedingungen nicht. Der Mensch kann komponieren, er kann sich Landschaften ausdenken, er kann Gefühle produzieren, die nicht von der Außenwelt beeinflußt oder verursacht sind. Die menschlichen Organe des Hörens, Sehens usw. sind in der Tat beschränkt. Die Organe des menschlichen Geistes sind es nicht. Diese Einklang von Wesensschau mit dem Satz vom Grund, als zwei Phänomenen, die in sich selbst gegründet und nicht von äußerlichen Bedingungen abhängig sind, ist es, was die Einheit, hier die Gleichheit von Wesensschau = Satz vom Grund begründet. Die Betrachtung, die wir soeben darüber angestellt haben ist eine Reflexion über diese Gleichheit, über das Gleichheitszeichen im vorigen Satz. Dieses Gleichheitszeichen ist das *regendum* zwischen dem Satz vom Grund und der Wesensschau. Es wurde aus der Betrachtung über die beiden Phänomene gewonnen. So ist es in sich wahr, wenn unsere Betrachtung nicht durch äußere Einflüsse getrübt worden ist.

Der Satz vom Grunde ist aber noch in einer weiteren Einheit mit der phänomenologischen Wesensschau verknüpft. Er ist in sich konsistent. Damit ist nicht gemeint, was im vorigen Abschnitt unter der Unbegründetheit der beiden Phänomene gemeint wurde. Hier ist gemeint, daß beide in sich unabhängig sind. Dies ist ein wichtiger Bestandteil der Wesensschau. Es ist keine Maschine da, die diese Wesenschau oder das Gleichheitszeichen im Satz vom Grunde übernimmt. Es gibt kein Rezept, mit dem diese Gleichsetzungen stattfinden könnten. Sie sind beide in sich unbestechlich, weil sie auch aus sich heraus nicht abhängig sind von gegebenen Einflüssen. Dies ist wieder im physiologischen Bereich insofern anders, als die Beeinflussung durch vorgefertigte Analysemechanismen, spricht Gewohnheiten, physiologische Gegebenheiten zwar im Augenblick so sind, aber in der weiteren Zeit verändert werden können. Hier ist also auch eine Unabhängigkeit des Geistes gegeben, welche sich, ob der Trägheit der Materie, aber in längeren Zeitspannen vollzieht. Die interne Unabhängigkeit ist ein Vermögen. Dieses Unvermögen, ein Rezept zu haben, ist gerade das Vermögen des Geistes in Bezug auf Wesensschau und dem Satz vom Grunde. Wäre ein Rezept vorhanden, das IMMER ausgeführt werden MÜSSTE, dann entspräche das der Sklaverei. Die Unabhängigkeit ist aber eben dadurch gegeben, daß das Schauen nur als Schauen, das Hören nur als Hören, das Riechen nur als Riechen usw. vorhanden ist. Es gibt keine absolut richtige Art, die Phänomene in die Gleichheit zu führen oder diese Gleichheit zu schauen. Wohl gibt es Gewohnheiten. Die Zusammenführung von Gegebenen in Gewohntes ist aber nichts anderes als die momentane Entscheidung, diese Zusammenführung herbeiführen zu wollen. Objektiv hat sie keine Bedeutung. Die Gesetze des Geistes sind momentane. Dies ist um so wichtiger, als es in einer Situation nicht um eine hier oder jetzt zu treffende Entscheidung geht, sondern um die Frage, was der menschliche Geist zu Hören imstande wäre. Dies ist unbegrenzt. Es ist nicht gebunden an interne Verarbeitungsmechanismen oder Voreingenommenheiten. Es ist frei. Diese Freiheit entspricht der inneren Ungebundenheit des Satzes vom Grunde, da hier von *regendum* gesprochen wurde. Die Frage: wie aber funktioniert das *regendum*? ist sinnlos. Das Zurückführen ist allein ein Zurückführen. Es kann verhindert werden, findet es aber statt, ist es die Gleichsetzung. Es ist das Gleichheitszeichen, ohne jede interne Struktur oder einen internen Mechanismus. Das Gleichsetzen ist ein Gleichsetzen. Die Strukturen liegen rechts oder links des Gleichheitszeichens. Sie liegen aber nie in ihm. Der Satz vom Grund spricht also von interner Freiheit dadurch, daß das *regendum* undifferenziert, ein einfaches Gesetz, ist. Die Wesensschau macht es ihm damit gleich. Sie ist zwar in der Reflexion gegeben. Die Reflexion erst gibt ihr ihr Wesen. Doch ist Reflexion ebenfalls in sich ungegliedert. Das Reflektieren als Reflektieren ist nicht strukturiert oder einem festen Ablauf unterworfen. Es gibt so viele Arten des Reflektierens, wie es Reflektiertes gibt. Das ändert aber nichts an der Reflexion an sich. Diese ist in sich stimmig, sie ist als Gesetz vorhanden aber nicht in materieller Form, in Formeln oder Abläufen festgelegt. Die

Reflexion ist somit dem Satz vom Grunde gleichgestellt, als diese Bedingungs- und Strukturlosigkeit der Reflexion der Bedingungs- und Strukturlosigkeit des *regendum*, des Zurückgreifens, des Begründens entspricht. Der Satz vom Grund und die Wesensschau sind also innerlich und äußerlich unbedingt, sie sind frei.

§ 3 Die Empfindungsästhetik von Theodor Lipps

a) Die Ästhetik Theodor Lipps

Die Empfindungsästhetik Theodor Lipps geht von der Frage des Bewußtseins aus. Er fragt, ob es etwas an dem Bewußtsein gibt, was ihm immer anhaftet und anhaften muß. Diese Frage des Bewußtseins taucht bei ihm an prominenter Stelle auf. Ohne die Klärung seines Bewußtseinsbegriffs ist seine These der Empfindungsästhetik hinfällig.

Lipps stellt die Frage nach der Bedingtheit des Bewußtseins. Gibt es etwas im Bewußtsein, einen Inhalt oder einen Gehalt, der ihm immer anhaften muß? Ist es Raum und Zeit, ohne die ein Bewußtsein nicht sein kann? Kann ich etwas vorstellen, was ohne Raum und Zeit ist, kann ich es erfahren oder denken? Die Antwort lautet: ja, ich kann. Es ist mir möglich, zeitlose Zustände zu denken, wie etwa einen Sinuston, der immer gleich laut und von immer gleicher Frequenz ist. Hier ändert sich nichts. Zwar dauert dieser Sinuston an, ich könnte seine Zeit messen. Doch wenn ich mir diesen Ton vorstelle, so ist das nicht mehr möglich, eine Zeitmessung ist hier ausgeschlossen, der Sinuston wird als reiner Sinuston gedacht, als etwas Abstraktes, als ein Gesetz. Dieses Gesetz kennt keine Zeit, es ist nicht früher oder später gekommen und hält sich auch nicht eine gewisse Zeit bei uns auf. Es existiert und zwar außerhalb der Kriterien der Zeit. Daß die Zeitlichkeit über ihn kommen und er zu einem real erklingenden Sinuston werden kann ändert nichts an seiner Möglichkeit, als abstraktes Gesetz zeitlos zu sein. Dieses Gesetz kann ich im Bewußtsein haben. Es ist keine bildliche Anschauung mehr, es ist eine Vorstellung, ein Gedanke. Dieser Gedanke ist somit zeitlos. Er ist zeitlos nicht im Sinne der Frage, wann ich den Gedanken hatte. Dies kann zeitlich bestimmt werden. Doch ist dies keine Zeitlichkeit des Gesetzes, sondern meine Zeitlichkeit, die mir das Gesetz zu einem bestimmten Zeitpunkt ins Bewußtsein gebracht hat. Das Gesetz an sich bleibt von dieser Zeitlichkeit ausgeschlossen. Es gibt also ein Bewußtsein, das nicht an der Zeit hängt. Wie ist es mit dem Raum?

Lipps spricht davon, daß es auch ein Bewußtsein ohne Räumlichkeit gibt. Es existiert ebenfalls im Abstrakten. Dieses Abstrakte ist, als reiner Gedanke gedacht, raumlos. Der Gedanke hat keine räumliche Ausdehnung. Er hat keine innere räumliche Struktur oder existiert nur in der visuellen Vorstellung, so daß er als Raum selbst vorgestellt werden muß, um er selbst zu sein. Der Raum ist von dem abstrakten Gesetz völlig geschieden. Das Gesetz kann sich zwar als Beispiel in einem Raum manifestieren, doch ist dies nicht unbedingt notwendig. Er kann als reiner Gedanke ohne Raum leben. Wieder ist auch mein Raum, dem ich diesen Gedanken gebe, also eine Zeit, in der ich mich mit diesem Gedanken beschäftige und ein Ort, an dem ich den Gedanken habe, nicht der Raum des Gedankens. Dieser Raum ist mein Raum, in dem ich den Gedanken fasse, ihn zur Anschauung, allgemein, ihn ins Bewußtsein bringe.

Lipps erörtert nun, ob es der Wille ist, der an jedem Bewußtsein hängt, ohne den es kein Bewußtsein geben kann, der Teil oder Grundlage eines jeden Bewußtseins ist. Er verneint auch dies. Der Wille ist für ihn hier ein Drängen und Treiben, eine Motivation und eine Bedürftigkeit in der philosophischen Tradition der Betrachtungen Schopenhauers in seinem Werk 'Die Welt als Wille und Vorstellung', in welcher Tradition auch der Nietzsche Willensbegriff, der 'Wille zur Macht' steht[18]. Dieser Wille als Motivation ist für Lipps nicht zwingend an einem Bewußtsein. Es kann einen unmotivierten, gleichgültigen und erhabenen Bewußtseinszustand geben, der keine Motivation in sich birgt und der nicht an diesen Willen gebunden ist. Gemeint ist ein Zustand der Freiheit, der bedürfnislos in sich ruht. Dieser Bewußtseinszustand ist ohne den Willen, ohne Treiben, Drängen und einem Fort.

Diese grundlegenden Begriffe, an denen in der Vor-Lipp'schen Tradition das Bewußtsein festgemacht wurde, von denen gesagt wurde, daß sie das Bewußtsein konstituieren und es bedingen, werden von Lipps als zwar häufig im Bewußtsein vorkommend, es aber nicht unbedingt konstituierend bezeichnet. Dies führt zu der Frage, was das Bewußtsein denn konstituiert. Seine Antwort ist, das Bewußtsein ist unbedingt. Es gehört nicht etwas an, es ist nicht Sklave von etwas, es existiert in sich und alles kann in ihm und außer ihm, also an- oder abwesend sein. Diese Grundbestimmung des Bewußtseins ist die Grundlage seiner Empfindungsästhetik.

Die Konsequenzen der Feststellung eines unbedingten Bewußtseins führt Lipps zu der bemerkenswerten Bestimmung, daß alles Bewußtsein hat. Diese erst verblüffende Folgerung ist die Konsequenz seines Denkens. Hier liegen auch die Grundlagen für den Bewußtseinsbegriff, der in der heutigen Naturwissenschaft, hier der Gehirnforschung diskutiert wird. Die Feststellung bestimmter Bewußtseinsinhalte, wie Hören, Riechen, Angst, Freude oder Schmerz, in bestimmten Gehirnregionen, die mit physiologischen Gegebenheiten, wie Aktionspotentialen oder bestimmten neuronalen Vernetzungen verbunden geglaubt werden, steht die Unbestimmtheit des Begriffs des Bewußtseins an sich gegenüber. Selbst wenn ich sagen kann, daß gewissen Drogen die Neurotransmitterstoffe erhöhen, um mir Visionen zu verschaffen, bleibt doch die Erklärung des Bewußtseins an sich offen. Die neuere philosophische Forschung im Bereich des Bewußtseins hält Bewußtsein durch eine Anzahl von Eigenschaften fest, wie Adaptionsfähigkeit, Gedächtnis[19] oder etwa das Vermögen, zu Schließen. Die Tatsache, daß diese Eigenschaften auch z.B. beim Immunsystem oder dem Vorkommen einfacher neuronaler Verbände im Solarplexus gefunden werden, führt hier bereits zu der Annahme, daß auch diesen Systemen ein Bewußtsein zugesprochen wird.

Dies aber erklärt noch immer nicht die Frage des Bewußtseins an sich. Diese Frage ist aber zu beantworten, wollen wir die Grundlage von jedem Bewußtseinsinhalt kennen. Die Antwort von Theodor Lipps ist eindeutig. Es gibt nichts, was an dem Bewußtsein hängt. Dies bedeutet, daß es nichts an allen Bewußtseinsinhalten gibt, was physiologisch bestimmt ist. Es ist alles denkbar. Somit hängt das Bewußtsein an sich nicht an äußeren Faktoren, wie neuronale Netze, o.d. Wäre dem so, dann müßte sich etwas finden lassen, was an allen Bewußtseinsinhalten immer zu finden ist, die Einschränkung nämlich, die von diesen äußeren Abhängigkeiten im Bewußtsein erlebt werden müßten. Diese Einschränkungen wurden physiologisch, weil physikalisch als Raum und Zeit angenommen. Das Gehirn funktioniert in Raum und Zeit, so müssen diese Naturgegebenheiten sich auch im Bewußtsein spiegeln. Die Tatsache, daß Raum und Zeit in den meisten Bewußtseinsinhalten vorkommt heißt aber noch nicht, daß sie in jedem Bewußtseinsinhalt vorkommen müssen. Es gibt, wie wir gesehen haben, auch Inhalte, die von Raum und Zeit, und auch vom Willen, unabhängig sind. Die Lösung Theodor Lipps ist die des bedingungslosen Bewußtseins. Bewußtsein ist nicht gebunden, noch nicht einmal an so hohe Verallgemeinerungen, an Grundgesetze der Natur, wie Raum und Zeit. Sein Umkehrschluß ist darauf, was wir oben angedeutet haben. Da das Bewußtsein ungebunden ist, lebt alles existierende in Bewußtsein.

Diese Schlußfolgerung ist vielleicht einzigartig in der Geschichte der Philosophie. Sie ist bedingt durch die Wundt'sche Schule der Psychophysik, der Lipps entstammt. Diese Schule, die die Verbindungen zwischen Bewußtseinsinhalten, wie Tönen, Farben, Gerüchen, Geschmack oder Schmerz und deren äußeren Reizursachen untersuchte, beschäftigte sich somit intensiv mit der Beziehung von Inhalt und Bewußtsein. Nur diese Kombination von äußeren, physischen und physikalischen Bedingungen und Bewußtseinsinhalten konnte eine so revolutionäre These hervorbringen. Die Inhalte der Forschungen bewegen sich natürlich auf der Ebene von Bewußtseinsinhalten. Doch diese grundlegende Klärung des Bewußtseinsbegriffs, der des unbedingten Bewußtseins, der allem Existierenden ein Bewußsein zuspricht, konnte nur dadurch hervorgebracht werden, daß Experiment und Gedankenwelt zusammengeführt wurden.

Mit dieser Grundlage der Bewußtseinsklärung formuliert Lipps seine Empfindungsästhetik als Einfühlungsästhetik. Ein vorliegendes Gegebenes ist in seiner Art des Seins in einem bestimmten Bewußtseinszustand. Dieser Bewußtseinszustand ist durch seine Art zu Sein gegeben, er ist ihr adäquat, er entspricht ihr. Will ich das Wesen des Gegenstandes vor mir erkennen, dann muß ich mich in ihn Hineinbewegen. Ich muß ihn zu meinem Bewußtseinsinhalt machen. Daraufhin ist er mein Bewußtsein, ich empfinde ihn, da ich mich in ihn hineingefühlt habe. Dieses Hineinfühlen ist ein In-ihn-Hineingehen, die Empfindung ist ein Er-Sein. Mein Bewußtsein hat ihn als Bewußtseinsinhalt. Sein Bewußtseinsinhalt, sein

Wesen ist mir dadurch klar, daß ich ihn in meinem Bewußtsein habe. Es gibt nichts, was er verbirgt, oder sonst noch ist, was nicht da, also in seiner Existenz ist. Die Art seiner Existenz, seines Wesens ist sein Bewußtseinsinhalt. Mache ich mir seine Existenz zu der meinen, dann empfinde ich ihn, sein Leben, seinen Bewußtseinsinhalt. Ich empfinde ihn somit vollständig, so wie er ist. Die Voraussetzung hierfür ist das Einfühlen. Dieses muß ehrlich von statten gehen, indem ich nicht vorgebe, mich eingefühlt zu haben und anstelle dessen an etwas anderes denke, von dem ich gerne hätte, daß es das Wesen des Anderen wäre. Die Einfühlung muß ihn zu meinem Bewußtseinsinhalt gemacht haben, dann kann ich nicht irren in Bezug auf seine Art zu fühlen und zu denken, zu sein[20].

b) Bewußtsein als *nihil*

Theodor Lipps Begriff des Bewußtseins entspricht derjenigen Lesart des Satzes vom Grund, der sagt: 'Das Nichts ist ohne zureichenden Grund'. Der Satz meint, daß es nur eines gibt, was ohne Grund, also unbegründet ist. Dieses ist das Nichts. Wir haben diese Lesart im ersten Kapitel ausführlich erörtert, und gefunden, daß das Nichts die Freiheit und in ihr alles möglich ist. Sie ist aber etwas im Sinne der Existenz. Das Nichts ist nicht die Abwesenheit, es ist das Ist an sich, als Abstraktes. Dieses Ist ist der Lipp'sche Bewußtseinsbegriff. Er beschreibt das Bewußtsein als Abstraktes, er gründet es als reines Ist. Das Bewußtsein ist für ihn unbedingt, ebenso, wie das Nichts des Satzes vom Grund. Es gibt nach Lipps nichts, was an jedem Bewußtseinsinhalt sein muß, da das Bewußtsein durch dieses jenes gegründet wäre. Es ist daher nichts im Sinne eines Nichts. Das Bewußtsein ist die Möglichkeit von Bewußseinsinhalten. Es ist nicht der Container, in dem sich die Bewußtseinsinhalte sammeln, also ein Ding in Raum oder Zeit, es ist die reine Möglichkeit von Bewußtsein, also auch von abstraktem Bewußtsein. Der Satz vom Grund spricht also im Begriff des Nichts das Bewußtsein an sich aus. Er kann so auch gelesen werden als: 'Das Bewußtsein ist ohne zureichenden Grund.' Das Bewußtsein an sich ist unbedingt, unabhängig, frei.

Der Lipp'sche Bewußtseinsbegriff ist als Basis der Einfühlungsästhetik Teil des Satzes vom Grund. Die Einfühlung selbst aber spricht nicht im Satz vom Grund. Der Satz vom Grund enthält ein Gleichheitszeichen. Er spricht von zwei Dingen, die verschieden sind, doch da der eine dem anderen den Grund zureicht, nicht zeitlich oder räumlich, sondern als Gleiches diesen Grund zureicht, darum ist Gleichheit gegeben zwischen den beiden Gegebenen, die rechts und links des Gleichheitszeichens liegen. Identität gibt es nur im Ist. Die Einfühlung im Sinne Lipps aber spricht davon, daß Bewußtseinsinhalte zu mir kommen und ich in meinem Bewußtsein zu diesen Inhalten werde, mit ihnen verschmelze. Bin ich eingefühlt, dann bin ich der Gegenstand der Einfühlung in meinem Bewußtsein, somit ist mein Bewußtseinsinhalt der Bewußtseinsinhalt des Gegenstandes oder des Menschen, in den ich mich eingefühlt habe. Der Lipp'sche Satz spricht davon, daß ich bei ehrlicher und genauer Einfühlung der eingefühlte Gegenstand bin. Die Mechanismen hierfür liegen im konkreten Falle im Verborgenen. Sie sind zwar bestimmbar, doch für meinen Einfühlungsvorgang ohne die Bedeutung, daß ohne eine Reflexion über die Mechanismen keine Einfühlung statt finden könnte. Die Einfühlung findet auch ohne das Wissen der konkreten Mechanismen statt, ähnlich wie die Tonhöhenwahrnehmung stattfindet, ohne daß ich weiß, wie die neuronalen Vernetzungen dies im Augenblick genau zustande bringen. Das Ergebnis der Einfühlung ist somit nicht eine Gleichheit im Sinne des Gleichheitszeichens zwischen zwei Verschiedenen. Das Ergebnis ist aber auch keine Identität, im Sinne des exakt Selben. Die Anschauung und das angeschaute Objekt sind ein und dasselbe. Es existiert nicht eine Begründung dieses Existierenden, das mit dem hier vorgestellten verglichen werden könnte. Die Einfühlung begründet nicht, sie interessiert sich nicht für die Ursachen, sie reflektiert nicht. Das Eingefühlte ist das Wahrgenommene. Die Begründung dieses Wahrgenommenen ist nicht seine Existenz in der Außenwelt. Diese gibt es zwar, doch dieser Sachverhalt spielt für die Einfühlung keine Rolle. Sie spricht von Bewußtseinsinhalten. Sie spricht nicht von Mechanismen. Das Einfühlen ist für Lipps ein reines Wahrnehmen. Dieses Wahrnehmen kann nur stattfinden, weil das Bewußtsein an sich unbedingt ist. Nur so ist keine Gleichsetzung erforderlich, das Eingefühlte ist das Eingefühlte. Der Kern aber dieses Vermögens, sich das äußerlich bewußte in Einfühlung zu bringen ist die Unbedingtheit des Bewußtseins an sich. Dies spricht im

Sinne des Satzes vom Grund. Die Einfühlung ist somit eine Vorstufe des Satzes vom Grund, welcher von den Gleichsetzungen der Dinge handelt, während die Einfühlungsästhetik von der Möglichkeit spricht, Dinge so wahrzunehmen, wie sie sind. Der Grund hierfür liegt einzig in der Unbedingtheit des reinen Bewußtseins.

§ 4 Dialektik

a) Dialektik

Die platonische Dialektik spricht von Wahrheit, die durch Plausibilität gewonnen wird. Diese Plausibilität ist ein Faktor. Er Multipliziert, Dividiert, Summiert, zieht ab usw. Die Plausibilität verbindet und zerschneidet, sie erörtert und stellt richtig. Sie läßt das Wahre dadurch erscheinen, daß es vom Unwahren getrennt wird[21]. Es entsteht ein Begründungszusammenhang, der die uns in einer Angelegenheit wichtig erscheinenden Sachverhalte vor Augen führt. Die jeweilige Entscheidung darüber, ob wir dem einen oder dem anderen Zusammenhang glauben schenken wollen liegt nicht bei uns. Sie ist begründet in der Plausibilität. Diese Plausibilität ist das, was uns einleuchtet. Es ist das, was in uns schlummert und wenn es angesprochen und geweckt wird, wird es uns den Weg weisen, es wird uns den hier erforderlichen Zusammenhang, die richtige Begründung und Entscheidung, wie weiter zu verfahren und was weiter zu verfolgen ist, sagen. Dieses Sagen aber ist das griechische logos[22]. Dieses Sagen ist das, was dem griechischen ethos[23] zugrunde liegt, welcher auf das nomos[24] gebaut ist. Das Sagen, das logos, dessen, was der nomos, das Gesetz ist, wird über die Gesetzeslehre, den ethos, geregelt. Dieser ethos ist als Grundlehre gemeint. Da das nomos für jedes Lebenwesen verschieden ist, da aber auch Götter, Tiere, Flüsse oder Menschen alle einen nomos haben, nach dem sie sich zu richten haben, dadurch wird das nomos erhoben zu einer Art Naturgesetz. Dieses Naturgesetz ist gegründet auf das, was ist, begründet über die herrschenden Gegebenheiten. So ist das ethos eine Grundlehre, keine momentan herrschende Sittenlehre im Sinne der Soziologie. Das nomos spricht objektiv, es handelt von der besten aller möglichen Entscheidungen, die ein Mensch treffen kann.

Das nomos will erkannt sein. Es spricht. Der logos ist das Sprechen des Gesetzes. Die Dialektik ist das Vordringen zum nomos, es ist das Freilegen des logos, das Freilegen des Sprechens des nomos. Dieses Freilegen erfolgt mit jedem dialektischen Schritt. Eine Behauptung, die aufgestellt wird muß erst als wahr erkannt worden sein, bevor wir weiterschreiten können. Es muß das nomos dieser Behauptung gefunden sein. Das Voranschreiten der Erkenntnis dadurch, daß das nomos Schritt für Schritt durch viele weitere, zu ihm führende monoi freigelegt wird, ist die Methode der Dialektik.

Die nomoi sprechen aber nicht, was andere verschweigen würden, sie sprechen vom Grund. Die oben erwähnte Plausibilität aber ist der Grund. Das Wort Plausibilität aber ist ein Wort der Wahrscheinlichkeit. Der Grund ist die Sicherheit. Der logos spricht in Sicherheit über die nomoi. Er ist die Grundfreilegung der Gesetze. So ist die Dialektik die Grundfreilegung von Gesetzen, die als übergeordnetes System ein ethos, eine Ethik haben. Ethik ist also die Lehre der Gesetze, ist das Wort für Gesetzlichkeit schlechthin. Ethik spricht nicht von einzelnen Gesetzen. Ethik meint die Möglichkeit und Existenz von Gesetzen.

Die Gesetze aber sind Naturgesetze, sie sind nicht von Menschen gemacht. Diese Naturgesetze zeigen sich in den dialektischen Begründungen. Die Dialektik schreitet nicht etwa so voran, daß Gesetze grundlos mitgeteilt werden. Es handelt sich auch nicht um religiöse Offenbarungen im Sinne von mitgeteilten Wahrheiten, in deren Wesen oder Grund nicht eingedrungen wird. Dialektik meint das Offenbarwerden der herrschenden Gesetze im Sinne des Freilegens der nomoi durch den logos, dem Sprechen der nomoi. Die Dialektik ist somit ein Einblicken in die herrschenden Verhältnisse, ein Sich-klar-Werden über Möglichkeiten und Bedürfnisse, über Richtungen und Konsequenzen, über wie Wirkungen von Handlungen, über die Ursachen von Gegebenheiten. Die konkreten Gesetze sind mannigfaltig, die Existenz dieser Gesetze heißt ethos oder Ethik.

Die Dialektik ist also ein Voranschreiten, ein Ausgraben der Gesetze und Wahrheiten. Diese Wahrheiten sind schön. Ihre Schönheit kommt von ihrer Wahrheit. Das Gefühl von Schönheit ist dreigeteilt. Zum einen ist es das Gefühl der Freiheit und Weite. Die Wahrheit zu kennen macht mich vermögend zu handeln und dieses Handeln wird gelingen. Somit bin ich selbst gewachsen und blicke auf Weiten, die ebenfalls, als gewachsene handeln und gelingen. Somit ist die Wahrheit frei. Zum zweiten ist die Wahrheit schön, weil sie in sich selbst ruht. Die Wahrheit ist für Platon, wie oben gezeigt, das Gesetz. Das Gesetz ist aber geltend als Naturgesetz, also ewig. Das ewige Gesetz aber ruht in sich selbst. Dieses Ruhen ist in sich schön. Zum dritten ist die Wahrheit schön, da sie in einem harmonischen Verband mit allen anderen Wahrheiten steht. Es herrscht ein allumfassendes System von Gesetzen, die in sich harmonisch sind, so wie für Platon die Welt nach harmonischen Gesetzen gebaut ist. Dies daher, da es ein hierarchisches Gesetzessystem gibt, es also hohe Gesetzte geben muß, und zum anderen, da dieses System allumfassend sein muß. Für Platon ist diese Schönheit Voraussetzung der Welterkenntnis. Nicht in dem Sinne, daß schönes wahr sein muß, sondern so, daß Gott die Schönheit geschaffen hat, damit wir ihn schauen können, ohne ‚zu verbrennen und zu vergehen vor Liebe'[25]. Dieses ist einerseits poetisch gemeint. Zum anderen spricht es eine Weltsicht aus. Die Liebe ist das Bewußtsein des Einssein für Platon. Die Kriterien der Schönheit sind die Ausbreitung der höchsten Einheit in die Vielheit der Welt. In dieser Vielheit erkennen wir die Einheit. Wenn wir diese Einheit selbst 'schauen' würden, dann würden wir selbst in diese Einheit eingehen. Dieses Eingehen aber bedeutete unsere Vernichtung, da wir als Menschen eine Vielheit sind. Das Enden in der Einheit bedeutet, daß die Vielheit aufhört, in Platons poetischen Worten, daß wir verbrennen und vergehen, also aufhören, in der Vielheit zu sein und in der Einheit aufgelöst zu sein. So ist die Schönheit sinnlich, da die Sinnlichkeit der Sinn der Vereinzelung und das Erkennen der Einheit in dieser Vereinzelung die Schönheit ist. Die Dialektik ist also ein Weg zur Schönheit, sie ist ein Weg zum ethos über das logos des nomos.

b) Das ethos als Satz vom Grund in seiner ersten Lesart

Das ethos ist der Satz vom Grund in seiner ersten Lesart. Nichts ist ohne zureichenden Grund besagt, daß alles was ist, begründet ist. Die Formulierung des Grundes als Negatives 'Nichts ist' und nicht als Positives 'Alles hat' bezeichnet die Allgemeinheit des Satzes. Es ist nicht um ein 'Alles' zu tun, welches einen Grund besitzt. Es ist zu tun von jedem Einzelnen, welches jedes begründet ist. Jedes Einzelne ist aber nicht deshalb begründet, weil der Grund akzidentiell an jedem Einzelnen gefunden wird. Die Lesart 'Nicht ist' postuliert als Gesetz für jedes Einzelne, daß es begründet *sein muß*. Die Begründung ist also ein Faktum, das neben anderen, die an den Dingen gefunden werden können. Sie ist ein allgemeines Gesetz, nach dem die Dinge existieren. Das ethos der Griechen entspricht diesem allgemeinen Gesetz des Begründens in seiner negativen Formulierung im Satz vom Grund. Das ethos ist nicht ein bestimmtes Gesetz, es ist das Sittengesetz schlechthin. Es ist nicht die Zusammenfassung vieler Gesetze in einem Gesetzbuch, das den Namen ethos trägt, es ist die Möglichkeit von Gesetzen überhaupt, die Tatsache von Gesetzlichkeit. Ethos beschreibt die Gesetzlichkeit nicht, es formuliert auch keine Gesetze. Aus ihm gehen keine Gesetze hervor. Es ist somit die Freiheit der Möglichkeiten. Aber nicht in dem Sinne, daß frei zwischen verschiedenen Möglichkeiten gewählt werden kann, sondern, daß keine bestehende Realität eine größere oder kleinere Existenzwahrscheinlichkeit hat. Das oberste Gesetz der bloßen Gesetzlichkeit beschreibt nur die Tatsache, daß die existierenden Systeme begründet existieren müssen. Es beschreibt nicht, welche Begründungen im Einzelnen vorliegen.

Die Gesetzlichkeit als solche läßt den einzelnen Systemen die Möglichkeit beliebiger Begründungen. Diese Begründungen sind im einzelnen meist vom Menschen nicht zu bestimmen. Sie sind in unserer materiellen Welt die physikalischen Gesetze, in der Welt des Geistes die Gesetze von Entwicklung und Vergehen, von Schaffen und Erkennen. Diese sind durch die Natur oder durch Gott gegeben. Die Genese dieser Begründungen, die Hierarchie der real existierenden Gesetze ist Gegenstand einer eigenen anderen Untersuchung als diese, die wir in diesem Buche versuchen. Hier geht es nur um die Möglichkeit von Bedeutung, die in der Satz-vom-Grund-Gründung musikalischer Bedeutung gefunden wurde.

Die Genese oder Hierarchie der Gesetzlichkeit gliedert sich in der Natur, sowie im Menschen und im Kosmos auf. Da das System ein Ganzes ist, und der Satz vom Grund als Beschreibung des Ganzen ohne Regress oder Tautologie erkannt wurde, muß die Gesetzlichkeit im All der menschlichen Gesetzlichkeit identisch, und das System der konkreten Gegebenheiten des Menschen und des Alls im Sinne des Satzes vom Grunde gleich sein. Der Mensch und das All können also zwei Gegebenheiten auf der einen und anderen Seite des Gleichheitszeichens sein. Ihre Gleichheit - nicht ihre Identität - ist hier nicht die eines erst-> dann. Sie entspricht einer gründenden Gleichheit im Sinne des Aufeinander-bezogen-Seins. Der Mensch existiert nicht ohne das All *und könnte es nicht, wenn die Gesetze, nach denen er existiert von denen des Alls verschieden wären. Das All ist ohne den Menschen nicht mehr dasselbe All und kann den Menschen nur in sich haben, da das All denselben Gesetzen gehorcht wie der Mensch.* Die Gründung ist hier nicht nur eine materielle Folge, daß eines in der Zeit auf das andere folgen muß, und somit von diesem ersten begründet worden sein muß. Die Gründung hier ist auch nicht die eines Hauses, das auf einem Bauplatz steht und ihn als Grund hat. Auch diese zwei Beispiele sind Aussagen des Satzes vom Grund. Doch hier ist die Gründung auf weit abstrakterem Gebiet. Die Gleichheit der beiden Seiten ist eine abstrakte. Sie gründet auf Gesetze und beschreibt die Gleichheit beider aufgrund der Gleichheit der zugrunde liegenden Gesetze. Der Satz vom Grund sagt, daß nichts ist ohne Grund. Er sagt, daß der Grund eine Gleichheit zweier Seiten einer Gleichung ist, die durch ein Gleichheitszeichen verbunden sind. Die Gleichheit von Kosmos und Mensch, wie sie die Griechen aufgrund der ethos-Lehre wußten, entstammt dem Satz vom Grund und ist ohne ihn nur eine pure Behauptung.

Das Gleichheitszeichen im Satz vom Grunde entspricht dem logos. Das Sprechen ist hier nicht ein konkretes Aussprechen, sondern ganz allgemein ein sich zeigen. *Es zeigt sich,* daß beide Seiten der Gleichung gleich sind. Der logos ist nicht die Gleichheit, er ist das Gleichheitszeichen, welches zeigt oder spricht, daß beide Seiten gleich seien. Dieser logos wurde in späteren Jahrhunderten oft als Grund selbst betrachtet, wie in der christlichen Mythologie, in der Jesus als logos Gott gleichgesetzt wurde und man in ihm Gott sah. Doch unsere Lesart des Satzes vom Grund bezogen auf den griechischen logos sagt für Jesus als logos, daß Jesus nur das Gleichheitszeichen ist. Er ist in der Christenheit der Sohn Gottes. Dies ist wahr in der Lesart, daß er nichts konkretes, sondern die Feststellung der Gleichheit zwischen Menschen und Gott ist, spricht, daß die göttlichen Gesetze für den Menschen gelten. Der logos sagt also. Er bezeichnet die Gleichheit, er spricht sie aus, man erkennt die Gleichheit durch das Aussprechen, das Offensichtlichwerden, durch das er erkannt werden kann. Der logos ist somit kein Ding an sich, kein Gott und kein Gesetz. Er ist das Sprechen von den Gesetzen im Sinne der Einsicht in die Gleichheit des gefundenen Gesetzes mit der Lebenslage in der ich mich befinde und für die ich das Gesetz, das nomos erkennen will[26].

So ist in der Musik das ethos nur die Feststellung, daß sie nach Gesetzen funktioniert. Die Ethik der Musik also kann nur die Feststellung sein, daß Musik als Teil der Welt mit ihr gleich ist. Diese Gleichheit führt zur Möglichkeit des Ausdrucks von außermusikalischen Gegebenheiten, Gefühlen, Gedanken durch Musik. Diese Gleichheit ist begründet in der universellen Gültigkeit des Satzes vom Grund, der über alles, was ist und nicht ist als begründet spricht und der, wie oben ausgeführt, aufgrund der Annahme nur eines einzigen Gegebenen selbst begründet ist. Das Auffinden der musikalischen Gesetze ist für die Griechen nicht deshalb mit dem Auffinden der kosmischen Gesetze gleichzusetzen, weil sie dies als Glaubensgrund in ihrem Leben durch Gewohnheit nicht anders gewöhnt waren. Er ist dadurch begründet, daß das ethos als reines Sittengesetz, als die pure Möglichkeit von Gesetzen betrachtet wurde. Hieraus, aus der Tatsache, daß diese Möglichkeit alles umfaßt und keine zweite neben ihr existieren kann, folgt, daß die Gesetze des Kosmos mit den Gesetzen der Musik oder denen, wie ein guten Staatsmann beschaffen sein sollte, gleich sind.

§ 5 Immanuel Kant

a) Die Erkenntnistheorie Kants

Die Erkenntistheorie spricht vom Satz vom Grund dadurch, daß sie Erkenntnis zu begründen versucht. Kant's Erkenntnistheorie gründet sich auf die Dreiheit Anschauung, Verstand und Vernunft oder Spontaneität. Das in der Anschauung gegebene Ding-an-sich wird durch die Kategorien des Verstandes abgebildet und eingeordnet. Dieses vollbringt die Spontaneität, der Verstand, der damit frei ist. Die Kategorien des Verstandes sind naturgegeben, da sowohl die angeschaute Welt als auch der Mensch nach Naturgesetzen aufgebaut ist. Die Welt des Menschen ergibt sich aus der Kategorisierung der Anschauung, welche die Vernunft vornimmt. Die Vernunft ist aber keine Maschine, die diese Aufgabe verbringt. Sie ist die Selbstständigkeit des Menschen, eine Mündigkeit. So führt der Weg der Aufklärung, also die Herausführung des Menschen aus seiner selbstverschuldeten Unmündigkeit über den Verstand. Der Mensch ist frei, da er seine Handlungen selbst entscheiden kann. Die Entscheidungsgründe sind Teil seiner praktischen Vernunft. Diese ist immer auf das gerichtet, was allgemeine Gesetzgebung sein könnte. Nur diese Handlungen, die auf alle Menschen anwendbar sind, und dort Gutes wirken sind Vernunftsgründe. Dies, da der Mensch als Teil der Welt seine Welt nur dann erhält, wenn er sich als Teil davon begreift. Die Moral als praktische Vernunft erzeugt angewandt das moralische Gefühl, das so viel erhabener und besser, ruhiger und reiner ist, als das Gefühl, das dem Eigennutz folgt. Dies, da der Mensch Teil der Welt ist. Der Kunstverstand funktioniert analog. Das Geschmacksurteil ist objektiv, da es von Gesetzen a priori geleitet ist. Die Betrachtung des Erhabenen in Kunst oder Natur ist schön, weil die Gesetzlichkeit der Natur oder der Kunst denen des Verstandes entspricht, welche ebenfalls naturgegeben sind. So ergibt sich die Begriffstriade wahr, gut, schön dadurch, daß die Gesetze des Verstandes, die Wahrheit erzeugten, Handlungen der parktischen Vernunft und damit gut sind, und die Anschauung eines Dings in Natur oder Kunst schön ist, wenn diese Dinge den Gesetzen des Verstandes entsprechen, also ebenfalls wahr sind.

Die Spontaneität nimmt hier den Charakter des Zusammenfügens und Zusammensetzens an. Die Vernunft ist frei. Sie kann sich entscheiden, prüfen, genießen, rechnen usw. Es steht dem Menschen frei, seine Welt und sich zu gestalten, wie er es will. Dies wird aber nur dann wahr, gut und schön sein, wenn die Handlungen vernünftig sind, sprich den Gesetzen von Natur und Mensch entsprechen. Wahr werden diese Handlungen sein, weil sie entsprechen. Gut sind sie, weil sie aufgrund dieser Entsprechung Gutes hervorbringen und schön sind sie, weil Schönheit eine Eigenschaft dieser Entsprechung ist.

Die Kunst kann nun in zweierlei Art behandelt werden: reflexiv oder teleologisch. Das teleologische Urteil erfaßt das Kunstwerk spontan, ohne darüber nachzudenken. Das reflexive Urteil benutzt Verstand und Vernunft, um die Schönheit des Werkes über seine Wahrheit zu fassen.

b) Der Satz vom Grund als Erkenntnistheorie

Die Erkenntnistheorie Kants ist der Satz vom Grund. Gründlicher, als durch die Beschreibung Kants ist der Satz vom Grund nicht darstellbar. Die Gründlichkeit beruht auf dem Begriff des Verstandes. Dieser ist frei. Seine Freiheit entspricht seiner Unabhängigkeit. Die Freiheit, seine Unabhängigkeit hat er ob seiner Nichtigkeit. Er entspricht nur dem Prinzip der Entscheidung über alle möglichen Handlungen, Urteile oder Gründungen im Konkreten. Er ist frei aufgrund seiner inneren Struktur, die Abstraktion ist. Die Vernunft ist ein Vermögen, kein Konkretes oder Strukturiertes. Die Struktur findet sich im Verstand, der die Anschauung nach Kategorien ordnet. Die Vernunft ist ein reines Vermögen. Dieses Vermögen muß nach den Gesetzen der Natur handeln, also nach dem was ist. Handelt der Mensch nicht so, so handelt er nicht vernünftig. Die Vernunft ist sein höchstes Gut, das was an ihm unverwechelbar ist, aber nichts Konkretes beinhaltet. Die Aktivität der Vernunft ist somit eine Passivität. Er ist aktiv, indem er entscheiden kann, was zu tun ist. Da er aber keine eigenen Wünsche oder Ansprüche hat, wird er die Entscheidung treffen, die angemessen ist, dem Zustand der Welt und dessen Bedürfnissen entspricht. Eine andere Entscheidung kann die Vernunft nicht treffen, da sie selbst ohne konkreten Inhalt ist, also selbst keine

Wünsche haben kann. Die Vernunft ist daher das Oberste im Menschen. Dieses Oberste ist eine Gründung, die selbst unbegründet ist. Diese Unbegründetheit liegt im Wesen der Vernunft. Etwas, das keinen konkreten Inhalt hat und rein Spontaneität ist, kann nicht weiter gegründet sein. Es ist das Wesen des Ist, das hier beschrieben ist. Das Ist im Satz vom Grund ist das einzige, was ohne Grund ist. *Nichts* ist ohne zureichenden Grund. Die Vernunft ist das unbegründete, was im Satz vom Grund als Nichts angesprochen wird. Die Vernunft ist nicht Grund einer Handlung. Die Handlung selbst aber ist vernünftig, wird sie nach den Gesetzen des Systems, der Natur vollbracht. Der Inhalt der Entscheidung hängt also von den Bedürfnissen und Gegebenheiten des Systems ab. Ist die Entscheidung aber diesen Gegebenheiten entsprechend, dann ist sie vernünftig. Die Vernunft handelt also dem Ist des Zustandes entsprechend, sie motiviert dazu, indem sie möglich ist. Die Vernunft ist somit erhaben, da die Handlungen nicht an einzelnes Konkretes gebunden ist, sondern alles angeht, auf alles achtet im Sinne des Ist. Das zu Handelnde ergibt sich also aus dem Systemzustand. Die Handlung selbst ist vernünftig, wenn sie nach den Bedürfnissen des Zustandes erfolgt und ist damit gut. Das Erkennen des Zustandes, wie er ist ist Wahrheit und das Betrachten des Zustandes, wie er ist, ist schön.

Die Freiheit des Satzes vom Grunde ist zweierlei. Es handelt sich einmal um eine Unabhängigkeit, und einmal um ein Vermögen. Beides ist in Reinform im Verstande verwirklicht. Der Verstand ist frei im Sinne der Unabhängigkeit. Gleichzeitig ist er das höchste Vermögen, denn die Anwendung der Vernunft führt zu objektiver Sichtweise, sowie zu guter Handlung und dem Gefühl des Schönen und Erhabenen. All dies führt wiederum zu Schönheit und Reichtum, da dies eben die Ursachen des folgenden Systemverlaufs sind und sich als solche im Augenblick im System zeigen werden. Der Mensch, der also nach den Gesetzen der Vernunft handelt, handelt nach den Gesetzen des Systems, in dem er sich befindet und bringt Gutes, Wahres und Schönes hervor. Er selbst kann in diesen Handlungen Schaden leiden, indem er etwas tun muß, was er teils nicht will. Es erscheint ihm oft als Nachteil. Dieser Nachteil muß aber von den sonst guten Folgen seiner Handlung in seinem Umfeld wieder auf ihn zurückfallen, solange er weiterhin Teil des Systems bleibt, was er muß, da er immer auch Teil des Gesamtsystems bleiben wird.

Anmerkungen

1 Hier ist vom Induktionsproblem die Rede, welches Karl Popper in seiner Habilitationsschrift ‚Die zwei Grundprobleme der Erkenntnistheorie' ausgearbeitet und später in der gekürzten Fassung als ‚Logik der Forschung' herausgegeben hat. Es ist auch als ‚Münchhausen Trilemma' bekannt. Eine Begründungskette kann einmal bis ins Unendliche fortgesetzt werden. Warum ist die Terz das Intervall, aus dem Dreiklänge gebildet werden und nicht etwa die Quart? Weil die Terz das kleinste musikalische Intervall ist, das hinter der Rauhigkeitsgrenze liegt, welche vom Einklang bis etwa zur großer Sekunde besteht. Warum gibt es diese Rauhigkeitsgrenze? Weil bei kleinen Tonabständen auf der Basilarmembran benachbarte, sich überlappende Regionen angeregt werden, die sich gegenseitig ‚stören' (neben anderen Gründen). Warum stören sich diese Gebiete? Weil die Frequenzselektivität des Ohres begrenzt ist. Warum ist diese Selektivität begrenzt? Ect., ect... Zweitens kann die Begründungkette beliebig abgebrochen werden. Dies ist bei obigem Beispiel in der Tat geschehen, an diesem Punkt ist es eben etwas unbefriedigend, da wir wissen, dass es weitergehen muß, wir aber die Antwort schuldig bleiben. Als dritte Möglichkeit bleibt die willkürliche Setzung eines Anfangs oder Grundes, an dem nicht gerüttelt wird. Beispiele hierfür sind kanonische Texte der Religionen, etwa die Bibel, welche als göttliche Worte verstanden und somit höchstens ausgelegt, aber nicht hinterfragt werden. Alle drei Möglichkeiten sind nicht wirklich befriedigend, was aber Popper positiv zu einem seiner Grundcredos wendet, nämlich daß absolute Erkenntnis nicht möglich ist und die Forschung nie dogmatisch werden darf, sondern immer weiter fragen muß.
Induktion wird in der Philosopiegeschichte zuerst von Aristoteles vorgeschlagen, nämlich in seinem später so genannten Organon (‚Werkzeug', nämlich das gegen die sophistischen Scheinschlüsse), hier der Analytik und Topik. Der aristotelische Begriff hierfür ist epagoge, die Heranführung, welche im Gegensatz steht zu apodeixis, das Vorhersehen und syllogismos, das ‚Zusammensprechen', der Syllogismus, welche der Deduktion gleichgesetzt werden können. Schon Aristoteles weist darauf hin (Analytica posteriora II 19 und Metaphysica IX 10), daß die epagoge nicht zur endgültigen Erkenntnis führen kann, da sie nur vom Einzelnen zum Einzelnen fortschreitet. Wahre Gewissheit liefert nur das nous, das Verstehen, welches Aristoteles im Sinne der Übersummenhaftigkeit in seiner nachträglich so genannten Metaphysik ausführt. Dieses Verstehen gehe auf das Eine, welches ousia (Substanz, Wesen, Sein), das Ganze ist. Die Teilung einer Einheit, z.B. des Menschen, in seine Bestandteile, liefert viele Teile, die aber für sich kein Mensch mehr sind. Nur das gesamte System ergibt die Sache selbst. Hier ist zum ersten Mal formuliert, das später als systemisch im Sinne der Übersummenhaftigkeit oder der Synergetik verstanden wird (für eine mathematische Sicht siehe Argyris 1995, für eine physikalische siehe Wolfram 2002).

2 Der ‚Ideenhimmel' ist oft etwas polemisch gebraucht. Platons Begriff des eidos, welches durch metaxis, durch Teilnahme am Konkreten die Dinge hervorbringt, wie ein ‚Idealbaum' an einem realen Baum teilhat, dieses eidos wird gewöhnlich mit ‚Bild' übersetzt. In der indogermanischen Sprachfamilie gehört es zu u(e)di, was neben ‚erblicken', ‚sehen' auch etwa mit arioindisch ‚vida', der ‚Kenntnis' und auch mit ‚vedas', den heiligen hinduistischen Schriften zusammen hängt. Auch in anderen indogermanischen Sprachen wechselt die Bedeutung von ‚sehen' bis ‚wissen', ‚Weisheit'. Es ist anzunehmen, daß Platon nicht etwa naiv einen Himmel in den Höhen angenommen hat, in dem die 'Vorbilder' der Dinge lagern, sondern, daß er durchaus auch an diese zweite mitschwingende Bedeutung von Wahrheit dachte, welche zu

dieser Zeit ebenso eng mit ‚sehen' verknüpft war. Dies ist einmal sicher umgangssprachlich zu erklären, auch wir sprechen heute noch davon, daß wir eine Sache ‚auch so sehen' womit wir meinen, wir sind derselben ‚Ansicht'. Zum anderen ist zu Platons Zeit Wahrheit noch eng mit Sehen und Deuten verknüpft. Das Wort ‚theoria' zum Beispiel, wovon unser Wort ‚Theorie' stammt hieß ursprünglich ‚Vogelflugdeutung', also das Vorhersehen der Zukunft oder von Wahrheiten durch Beobachtung des Fluges der Vögel durch den Priester. Auch hier wurde geschaut, nämlich auf den Flug der Vögel und die Deutung dieses Fluges war dann die Theorie des Priesters.

3 Der ‚Ideenhimmel' ist oft etwas polemisch gebraucht. Platons Begriff des eidos, welches durch metaxis, durch Teilnahme am Konkreten die Dinge hervorbringt, wie ein ‚Idealbaum' an einem realen Baum teilhat, dieses eidos wird gewöhnlich mit ‚Bild' übersetzt. In der indogermanischen Sprachfamilie gehört es zu u(e)di, was neben ‚erblicken', ‚sehen' auch etwa mit arioindisch ‚vida', der ‚Kenntnis' und auch mit ‚vedas', den heiligen hinduistischen Schriften zusammen hängt. Auch in anderen indogermanischen Sprachen wechselt die Bedeutung von ‚sehen' bis ‚wissen', ‚Weisheit'. Es ist anzunehmen, daß Platon nicht etwa naiv einen Himmel in den Höhen angenommen hat, in dem die 'Vorbilder' der Dinge lagern, sondern, daß er durchaus auch an diese zweite mitschwingende Bedeutung von Wahrheit dachte, welche zu dieser Zeit ebenso eng mit ‚sehen' verknüpft war. Dies ist einmal sicher umgangssprachlich zu erklären, auch wir sprechen heute noch davon, daß wir eine Sache ‚auch so sehen' womit wir meinen, wir sind derselben ‚Ansicht'. Zum anderen ist zu Platons Zeit Wahrheit noch eng mit Sehen und Deuten verknüpft. Das Wort ‚theoria' zum Beispiel, wovon unser Wort ‚Theorie' stammt hieß ursprünglich ‚Vogelflugdeutung', also das Vorhersehen der Zukunft oder von Wahrheiten durch Beobachtung des Fluges der Vögel durch den Priester. Auch hier wurde geschaut, nämlich auf den Flug der Vögel und die Deutung dieses Fluges war dann die Theorie des Priesters.

4 Chaos meint hier nicht Ungeordnetheit, auch wenn es dies heißen kann. Chaos ist hier als Ursprung zu lesen. Chaos ist nach Hesiod (‚Werke und Tage') der höchste der griechischen Götter. Leider wird dies nicht weiter ausgeführt. Doch als Grund allen Seins wird Chaos zum Beispiel auch als Anarchie verstanden, als ‚an-arche', zum Ursprung, back-to-the-roots. Der ursprünglich durchaus konservative Ansatz von Chaos und Anarchie welcher sich z.B. im vornehmlich sozialen Engagement der englischen Anarchisten um Rudolf Rocker oder der Anarcho-Syndikalisten um Bakunin im vorrevolutionären Russland darstellt zeigt die ordnende Kraft des Chaos, welches zur Einheit zurück will. Musikalisch wird Chaos oft als eine undifferenzierte Geräuschkulisse verstanden. Hier wird zerstört und dekonstruiert, was an ‚Gewohntem' und ‚Gebräuchlichen' eine Stilrichtung bevorzugt und damit in immer gleicher Richtung weiterlief. Gleichzeitig wird eine Art Emanzipation aller Möglichkeiten hergestellt, so daß hierdurch eine Einheitlichkeit entsteht. Aristotelisch gesprochen ist hier alles in energaia vorhanden, wogegen musikalische Stille eine Einheit wäre, in der alles in dynamis liegt.

5 Selbstverständlich gibt es auch sehr komplizierte Musik. Die Diskussion in der Moderne des 20. Jahrhunderts ist oft auf diese Komplexität bezogen, etwa die der Seriellen (Zwölfton) Musik oder der Aleatorik. Die Schönberg'sche Schule ist hier

musikwissenschaftlich u.a. von Adorno gefordert und begründet worden. Adornos Eintreten für diese Musik stützt sich auch auf die Forderung, in moderner Musik (aber auch in anderen Künsten) die alltägliche Wirklichkeit in ihrer Abnormität und damit natürlich auch in ihrer Komplexität abzubilden. Adorno, als Großbürger erzogen, stand nach den Schrecknisse des Dritten Reiches vor der Frage, wie dieses Bürgertum den NS-Staat hat zulassen können. Er fand, dass die Abschweifungen des Bürgertums in die Unterhaltung, welches lieber ins Musical ging als in die ernste Oper, Mitschuld daran tragen. Diesem ‚Einlullen' wollte Adorno die Darstellung der Schattenseiten des alltäglichen Lebens auf der Bühne und im Konzertsaal entgegenhalten um so etwas wie den Nationalsozialismus nicht mehr möglich werden zu lassen. Hier ist also in der Tat etwas in die Musik gebracht, was nicht der Einfachheit oder Reduktion entspricht sondern was versucht, die grundlegenden komplexen Strukturen des alltäglichen Lebens wiederzugeben. Die mangelnde Popularität dieser Musik hängt natürlich auch damit zusammen, daß die wenigsten Menschen Musik hören, um genau die Probleme wiederzufinden, die sie in ihrem Alltag schon plagen. Auf der anderen Seite ist die aufrüttelnde Wirkung dieser Musiken ein wichtiger Bestandteil der Aufeinandersetzung mit der Welt. Hier aber scheiden sich die Lösungsversuche der ‚Generation der 68er', Bewusstmachen der Probleme, Diskussionen, Gang durch die Institutionen ect., von den musikalischen Bewegungen der 80er und 90er Jahre, etwa des Techno, wo Parallelwelten geschaffen wurden. So wurde unter der Woche ein geregeltes, quasi bürgerliches Leben zum Geld verdienen geführt und am Wochenende in eine Techno- und Partywelt eingetaucht, die nichts mit der sonstigen Gesellschaft zu tun hat und haben will. Dieser Versuch, das Leben, welches man realisieren will einfach zu leben und somit bereits das positive in die Welt zu bringen, hatte zwar meist eben keinen politischen oder weltanschaulichen Hintergrund, auch war keine Signalwirkung für die restliche Gesellschaft damit bezweckt. Doch war die erste Love-Parade in Berlin als Demonstration angemeldet und dies laut DJ Westbam explizit als Demonstration für die Liebe. Daß Deutschland ‚auch feiern kann', wie es nach der Fußball WM 2006 von Medienvertretern erstaunt festgestellt wurde, ist auch dieser Generation zu verdanken, welche damit offenbar doch nicht ganz so wirkungslos geblieben ist.

6 siehe Georgiades 1957, Harnoncourt 1983

7 Die Idee der Mikrorhythmik ist von Theodor Lipps in seiner Ästhetik formuliert worden. Danach wird ein Klang mit Sinuskomponenten, welche in ganzzahligen Verhältnissen stehen deshalb als harmonisch wahrgenommen, weil die rhythmischen Verhältnisse der einzelnen Komponenten einfach sind. Diese Vorstellung ist dann gültig, wenn die Sinuskomponenten einzeln vorliegen. Sind sie zu einem Gesamtklang verschmolzen, wie dies bei Klängen, die das Ohr erreichen der Fall ist, dann finden sich in dieser zusammengesetzten Wellenform keine einfachen Verhältnisse mehr (einzig im meist chaotischen Einschwingvorgang finden sich erstaunlicher weise wieder mehr einfache Verhältnisse). Wird die Wellenform dann vom Ohr in Spektralkomponenten zerlegt ist der Sachverhalt wieder erheblich komplizierter. Würde nur die tonotrope Abbildung im Ohr berücksichtigt, also die Repräsentation der einzelnen Sinuskomponenten durch Nervenimpulse, welche bei jedem Wellendurchgang einer Periode auftreten, dann würde Lipps Theorie greifen können. Diese Impulsfolgen sind aber leider meist nicht vollständig, da die Feuerungsrate der Nervenimpulse bis maximal 400Hz geht, was aber meist nicht erreicht wird. Die

Situation wird hier zwar im Ohr dadurch verbessert, daß bei jeder Sinuskomponente mehrere Nervenzellen im Interlocking zusammenarbeiten, doch auch dann ist ein kontinuierlicher Spike-Train nicht gewährleistet.

8 Das Problem von innerer und äußerer Unendlichkeit, das z.B. auch Ernst Kurth in seiner Musikpsychologie untersucht stößt auf die Diskussion der Atomisten beginnend bei Demokrit und Leukipp, welche vielleicht die ersten waren, die mit dem Satz-vom-Grund argumentierten (siehe Tayler 2001). Für eine ausführliche Darstellung der Geschichte der Atomistik siehe Lasswitz 1890.

9 Synästhetische Forschung bewegt sich auf philosophischer und empirischer Ebene. Eine Zusammenstellung der philosophischen Seite findet sich bei Jewanski ‚Ist C = Rot?'.

10 Hier könnten weitere Tonsysteme genannt werden. Das 22-Tonsystem findet sich in indischer klassischer Musik, wobei die 12 möglichen Halbtöne mit Vierteltönen kombiniert werden. Hiervon ist der Grundton und die Quinte ausgenommen, so daß 22 Töne entstehen. Interessant ist hierbei, dass der Grundton des indischen Saiteninstruments Sitar in seiner Frequenz unserem ‚Hauptgrundton' C entspricht. Dies könnte damit zusammenhängen, daß die männliche Grundsprechhöhe sich in etwa auf dieser Tonhöhe befindet und sie somit als Grundton ausgezeichnet ist. Die westliche 6-saitige Gitarre entspricht von ihrem Tonumfang ebenfalls in etwa der Sangesmöglichkeiten eines Baritons, welches die häufigste Stimmlage unter Männern ist. Das C kann hier bis zum tiefen E unterschritten werden, welches von ungeübten Sängern gerade noch so erreicht werden kann. Hohe Kopfstimmen bei Männern wiederum reichen bis etwa zum eingestrichenen g' (15. Bund hohe e-Saite), welches bei der klassischen Gitarre eines der höchsten erreichbaren Töne ist.

11 Begriffe wurden von griechischen Philosophen gewöhnlich nicht zu streng definiert. Aristoteles spricht davon, daß die Bedeutung einer Sache nicht in Worten festgelegt werden könne. Einmal verwendeten verschiedene Völker verschiedene Worte für dieselben Dinge, zum anderen ist das was gemeint ist wichtig, nicht die Festsetzung dieses in ein Wort, wie es in der Semiotik gebräuchlich ist. Mimesis wird von Aristoteles in der Poetik meist für Mimen gebraucht. Diese ahmen Charaktere mit Mitteln u.a. Rhythmus und Melodie nach. Aristoteles kritisiert den Mimesisbegriff der pythagoräer, welche die Welt als Nachahmung der Zahlen verstanden. Hier und auch bei Platon hat Mimesis einen mehr erkenntnistheoretischen Wert als bei Aristoteles, welcher die Mimesis meist nur auf die Poetik anwendet. Platon verwendet ihn nämlich auch gleichbedeutend mit dem Begriff der Metaxis, der Teilhabe (Vergl. Anm. 2). Ein Baum ahmt den eidos eines Baumes nach. Der Begriff der Mimesis ist uns aber eher in der aristotelischen Form geläufig. Er ist somit erkenntnistheoretisch eher schwach, wird aber von Künstlern wohl wegen seiner Unmittelbarkeit verwendet.

Mimesis ist auch bei onomatopoetischen, also gleichlautenden musikalischen Sachverhalten schlüssig. Die vielleicht populärste Musik Indonesiens ist Dang-Dut, eine an indischer Filmmusik, westlicher Liedform und indischer Tablamusik angelehnter Stil. Sein Name ist onomatopoetisch für das grundlegende Rhythmuspattern, welches von der Tabla gespielt wird. Das oftmals als 4/4 Metrum notierbare rhythmische Grundpattern dieser Musik spielt einen Übergang der letzten Achtelnote

(Dang) auf die eins des nächsten Taktes (Dut). Ein anderes Beispiel für Mimesis ist etwa der Yoik, die Volksmusik der lappischen Sami. Hier werden bei der Jagd als Lockrufe Tierlaute nachgeahmt, woraus ein Musikstil entstanden ist.

12 Der Begriff des mimetischen Moments wird z.B. bei Adorno verwendet, etwa in seiner Mahler Monographie. Hier zitiert er Mahler, welcher mit Freunden einen Jahrmarkt besucht und die Vielfalt der dort herrschenden Akustischen Ereignisse als gleich seines Polyphoniegedankens bezeichnet. Die Musik soll dieses ‚Gewirr' des Lebens nachahmen. Adorno verwendet den Begriff ohne genaue analytische Beschäftigung. Dies ist wegen der Komplexität der Materie erklärbar, die sich mit Adornos oft essayistischem Schreibstil deckt, welcher gleichzeitig Experten voraussetzt. Die Interpretationen sind oft Ergebnisse langjähriger Beschäftigungen nicht nur mit der Musik sondern auch mit der Musikgeschichte und dem sozialen und politischen Kontext. Der Kenner dieser Materie hat all die Einzelheiten der Argumentation bereits in früheren Arbeiten durchdacht und geht nun davon aus. So entstehen im Text oft Argumentationen und Konnexionen, die oberflächlich betrachtet oft gewagt erscheinen, da nicht der gesamt Argumentationszusammenhang wieder in allen Einzelheiten durchgespielt, sondern der vorliegende Schluß gezogen wird. So finden wir hier Vor- und Nachteile zweier Argumentationsstile. Wird, wie in der Mathematik oder Physik, jeder einzelne Zusammenhang im Detail nachgewiesen ist es oft schwierig bis nahezu unmöglich, komplexe Zusammenhänge zu verstehen. Ein Beispiel ist das Weltklima, welches bis heute nicht vorhergesagt werden kann im Sinne einer Simulationsrechnung des gesamten Erdballs. Trotzdem ist die Erderwärmung jedem Experten ein Faktum. Diese Argumentationsweise, welche von Experten oft angewendet werden muß ist zwar weit aussagekräftiger, dafür aber auch nicht so ‚sicher' wie die Darstellung des Systems im Detail.

13 Dies ist musikalisch auch das Problem der Interpretation von Stücken. Im klassischen Bereich wird z.B. diskutiert, inwieweit Musiker aus Südostasien Musik ‚kennen' und so interpretieren können, in deren Kultur sie nicht aufgewachsen sind. Ebenso ist es für westliche Musiker oft schwer die stilistischen Feinheiten indischer Musik zu interpretieren, ohne in diese Kultur genau zu sein. Daß dies trotzdem gelingen kann liegt hier aber wesentlich daran, dass die Musiker die ihnen erst fremde Länder kennen lernen und die ‚Mentalität' dort dann wieder in Musik übersetzen können. Dies wurde auch in der Diskussion um Weltmusik zum Problem. So wird heute die Kritik an dem Export von Rock- und Popmusik auch in die endlegendsten Winkel der Welt als Nivellierung der vielfältigen Musikkulturen nicht mehr so scharf geführt. Es zeigt sich, daß oft die Schallfolien zwar dem westlichen Vorbild ähnlich sind, der Umgang mit und die Mentalität der entstehenden Musiken aber doch weit mehr in den Ländern verwurzelten musikalischen Identität entspricht, als erst angenommen wurde. Hier ist die vorliegende Schallfolie sehr genau zu untersuchen. Eine Verpoppung eines indischen Ragas z.B. wird oft von professionellen indischen Musikern weiterhin aus authentisch empfunden, während eine schlechte Ragainterpretation hier keinen Zuspruch findet. Indonesische Skinhead Musik klingt zwar in etwa wie die Musik dieser Gattung aus Singapore und auch wie die ‚Originale' aus dem Westen, wird aber mit vollkommen anderem Lebensgefühl ausgeführt, da ‚Nazitum' von den Musikern dieser Länder nicht gekannt wird und die Musik mehr als ‚Arbeitermusik' verstanden wird. Hier ist keinerlei nationalsozialistischer Hintergrund vorhanden.

14 Husserls ‚Logische Untersuchungen' gehen von der Aktivität der Wahrnehmung aus im Gegensatz zum positivistischen Reiz-Reaktions Muster, welches dem Individuum keine Wahl und die Reaktion auf den Reiz folgen läßt. Das grundlegende Werk für die Phänomenologie und insbesondere für den ersten Teil der Husserl'schen Logischen Untersuchungen ist Aristoteles ‚De Anima', ‚psyche', ‚Über die Seele'. Hier wird philosophiegeschichtlich zum ersten Mal der Verlauf der Wahrnehmung in der Psyche beschrieben. Aristoteles bettet die Diskussion in sein in der Metaphysik entwickeltes Schema von dynamis und energaia, Möglichkeit und Wirklichkeit. Das Erkennen ist beim Menschen erst in Möglichkeit. Hier muß der Menschen zwei aktive Entscheidungen treffen, um von dieser Möglichkeit zur Wirklichkeit der Wahrnehmung zu gelangen. Einmal muß er sich entscheiden, überhaupt wahrnehmen zu wollen, er muß die Augen aufmachen (dies klingt erst banal, wird aber wiederum im Zuge der Diskussion um den Sophisten nötig, von dem z.B. Platon im Dialog ‚Sophistes' sagt, er behaupt einfach, einen Baum der vor ihm stehe nicht zu sehen wenn dies für seinen Argumentationsgang von Nutzen ist). In einer zweiten Stufe muß der Mensch nicht nur etwas sehen, sondern genau hinsehen um dann zu erkennen, daß dies z.B. ein Baum ist. Diese zwei Stufen werden später im deutschen Idealismus, aber auch schon vorher z.B. bei Kant mit Perzeption (Augen aufmachen) und Apperzeption (Reflexion) benannt.

15 Die Fähigkeiten des menschlichen Gehirns und des Ohres sind erstaunlich. So kann das Hören von Musik welche nur im Gehirn ist dieselbe Präsenz und Klarheit haben, wie wenn Musik außerhalb gespielt und vom Ohr wahrgenommen wird, so daß der Hörende erst glaubt, sie komme von außerhalb. Diese Fähigkeiten kann man trainieren.

16 Eine weitere Feststellung der Phänomenologie ist die der Übersummenhaftigkeit, daß das Ganze mehr als die Summe seiner Teile ist. Diese aus der aristotelischen ‚Ontologie' übernommene Sicht ist oben bereits als Lösung des Induktionsproblems beschrieben worden. Sie spielt in der Musik natürlich eine Rolle. Etwa ist ein Groove erst dann wirklich groovy, wenn alle Instrumente ihren Teil spielen. Jedes einzelne Instrument für sich sollte zwar auch grooven, der Groove an sich aber *ist erst dann vorhanden,* wenn alle Instrumente zusammen spielen (siehe Clarke 1987, Summers 2000, Keil & Feld 2005).

17 Hier sei noch einmal darauf hingewiesen, daß die Gründung vollständig ist. Der Kant'sche Einwand, das Ding-an-sich, welches wir erkennen sei in seinem wirklichen Charakter nicht erkennbar ist hier widerlegt, da dieses Kant'sche Ding als etwas materiales gesehen wird. Materie aber gibt es nicht, wir sehen die Dinge so wie sie sind. Hier hilft auch der Einwand nicht, daß das Gehirn fehlende Teile zu Linien hinzufügt, die in einer betrachteten Zeichnung gar nicht vorhanden sind oder daß Vexierbilder mehrdeutig sind und daher unser Gehirn sich ‚täuscht'. Was wir wahrnehmen ist eben das, was vorhanden ist. Ein Vexierbild kann eben mehreres sein. Da unsere Gründungen Zeit sind, nehmen wir die Möglichkeiten des Bildes nacheinander wahr. Der vielleicht unvollständige Kreis, der von uns zum Kreis geformt wird ist ebenfalls eine Gründung dessen, was da vor uns liegt. Diese Linien sind ein Kreis, vollständig oder nicht. Es ist sinnlos zu sagen, daß da ‚in Wirklichkeit' kein Kreis vor uns liegt. Richtig ist zu sagen, daß dort ein Kreis liegt und daß dort kein Kreis liegt, sondern ein paar Linien. Das Phänomen außerhalb von uns ist das

eine wie das andere und noch vieles mehr. Auch der Versuch, dieses zu Unterteilen und die Druckerschwärze auf dem Papier zu untersuchen ist hier nicht hilfreich. Das Phänomen kann wegen seiner inneren Unendlichkeit beliebig oft differenziert werden und ein letztes ‚Teilchen' wird und kann nicht gefunden werden, einmal wegen der inneren Unendlichkeit, dann aber auch, da die Dinge keine Materie sind. Dies aber führt nicht zu einer Beliebigkeit der Anschauung im Sinne des Konstruktivismus. Wir konstruieren nichts, wir vergleichen, wir gründen. Allein weil etwas außer uns, das wir betrachten nicht nur eine Gründung zuläßt, sondern mannigfaltige, ist die Sache deshalb noch nicht vieldeutig. Sie ist eindeutig in ihrer Vielfalt. Das erstere hieße sich widersprechende Bedeutungen, das zweite heißt einfach Mannigfaltigkeit. Die Musik ist hier in sich sehr mannigfaltig und vieldeutig und gerade dies macht ja eben den Reiz der Materie aus. Ein Notentext ist so vielfältig und daher so reich.

18 Nietzsche hatte keine allzu hohe Meinung von Schopenhauer, trotzdem ist der Begriff des Willens seit Schopenhauer zunehmend in den Blickpunkt philosophischer Diskussionen gerückt. Die Auseinandersetzung Schopenhauers mit den hinduistischen vedischen Schriften brachte eine Betrachtung ins Spiel, welche den Willen, angelehnt an die Chakrentheorien des Buddhismus als Grundtrieb des Menschen ansah. Hieraus entwickelte Schopenhauer ein pessimistisches, geradezu tierisches Grundbild des Menschen. Nietzsches Bild vom Willen und der Macht (sein Werk hätte vielleicht besser Wollen und Machen geheißen) spricht von diesem Willen als Basis aller menschlicher Bedürfnisse und Handlungen. Innerhalb dieser Diskussion nun kommt Lipps auf die Frage des Willens als eines der grundlegendsten Begriffe menschlicher Wahrnehmung zu sprechen, denn auch Nietzsche spricht vom ‚Willen zur Macht als Erkenntnis'.

19 Augustinus bemerkte als erster, daß musikalische Rhythmik etwas mit Gedächtnis zu tun hat. Will ich zwei musikalische Ereignisse vergleichen, muß ich das erste im Gedächtnis halten um es mit dem zweiten vergleichen zu können. Heute wird die Länge musikalischer Patterns mit der Länge des Kurzzeitgedächtnisses in etwa verknüpft, welches zwischen 3 und 5 Sekunden liegt.

20 Für Forschungen im Bereich musikalischer Repräsentation im Gehirn siehe Gjerdingen 1990, Grossberg 1988

21 Das Zerschneiden ist griechisch die diairesis. Die Dialektik (oder besser die Dialogik als Gespräch zwischen mehreren Personen oder noch besser dia-logos, ein Durchsprechen des Sachverhalts), besteht darin, was behandelt werden soll, etwa der Angelfischer im platonischen Dialog ‚Sophistes', soweit zu zergliedern, bis dessen Wesen erscheint. Plausibilität meint hier, daß argumentiert wird mit etwa den Worten „Nun sehen wir doch klar, daß ...", „Daraus erhellt, daß ...". Die hier ansetzende Diskussion ist die zwischen Beweis und Plausibilität. So ist eins plus eins gleich zwei in der Mathematik eine Setzung, eine Definition. Allerdings wird zwei plus zwei gleich vier dann als beweisbar betrachtet. Genau gesehen ist jeder Beweisschritt aber ebenso auf ein „Daraus erhellt..." oder „Nun sehen wir klar..." gebaut. Hier scheint es also ebenso keinen Unterschied zu geben zwischen Argumentationen in der Mathematik und in etwa der Philosophie oder der Musikwissenschaft. Allerdings wird die Präzision der Argumentationen der

Mathematik immer wieder gepriesen. Hier sind wir also bei dem Punkt angelangt, den wir in Anmerkung 12 bereits erörtert hatten. Argumentationen, welche so plausibel sind, daß jeder dem sofort zustimmt sind oft schwer auf größere Zusammenhänge anwendbar, da diese leicht zu kompliziert werden.

22 ‚Logos' heißt wörtlich ‚Rede'. Logos wird in der Philosophie von Aristoteles und Platon meist gebraucht im Sinne von ‚gemeint sein'. Dieses ‚gemeint sein' ist in der Ansprache gegeben. Die Ansprache richtet sich vom einen zum anderen. Der andere versteht was der eine sagt, da er dessen ‚Rede' gehört hat. Die Rede kann nach Aristoteles aus einem Satz bestehen, sie kann aber auch die Ilias sein. Hier wird etwas geredet und damit etwas gesagt (für eine Darstellung der Sprachtheorie sowie deren geschichtliche Entwicklung siehe Coseriu 2003).

23 ‚Ethos' heißt ‚Sittengesetz'. Es ist damit gemeint, daß z.B. ein Vater sich väterlich, eine Mutter mütterlich verhalten soll, ein Priester soll tun was des Priesters ist usw. Ethos hat so alles und jedes entsprechend dem, was es ist ‚Das Ethos ist das, was die Selbigkeit und deren Beschaffenheit zeigt' (Arist. Poetik 1450b). Für Heraklit galt: ‚Des Menschen Ethos ist sein Schicksal.' (Heraklit, Fragm. 102R DK 22B119 nach Stobaios). Daraus erwuchs der Begriff der Ethik als ‚sittliches Sollen'.

24 ‚Nomos', das ‚Gesetz' ist auch ein Wort für Melodien. Aristoteles schreibt in seinen Problemata Physica, daß dies daher kommen könnte, da vor seiner Zeit Gesetzestexte versungen wurden und so Melodien mit Gesetzen gleichgesetzt wurden. Eine andere prominente Stelle in Bezug auf Gesetze und Musik findet sich in Platons Dialog ‚Nomoi', die Gesetze. Dort wird darauf bestanden, daß während der Zeremonien die Melodien der gespielten Stücke genau eingehalten werden und die Musiker nicht einfach dichten dürften, was sie wollten. Die Musik müsse dem Inhalt des Ritus entsprechen. Wir könnten heute sage, sie solle Programmmusik sein. Diese Stelle ist im übrigen auch in der Diskussion um Platons Ablehnung der Mythen in seinem Dialog ‚Politeia', der Staat interessant. Dort spricht er davon, daß die grausamen und nicht sonderlich erbaulichen Geschichten über die Götter nicht der heranreifenden Jugend an die Hand gegeben werden sollen. Allerdings erwähnt er am Ende dieser Passage, daß sie in den Mysterienspielen verwendet werden können. Obwohl wir erst von den Römern wissen, etwa bei den Metamorphosen des Ovid, daß die Mythen nicht wörtlich genommen, sondern symbolisch behandelt wurden, könnte eine solche Überlegung auch Platon bewogen haben, die Mythen als direkte Vorbilder abzulehnen, deren symbolischen Gehalt jedoch zu bewahren. Die Melodien während der Zeremonien nun müßten ebenso einen symbolischen Gehalt haben, eben dem ethos des Ritus entsprechen und so unbedingt entsprechend gespielt werden. Allerdings wissen wir auch, daß die Griechen es mit der nicht sakralen Musik oft etwas streng nahmen. Das Aufziehen einer siebenten Saite zum Beispiel durch den musikalischen Neuerer Timotheus bewegte staatliche Stellen, diese von Amts wegen wieder durchzuschneiden (siehe Greiner 1937).

25 siehe Thomas Mann's ‚Tod in Venedig'

26 In dieser theologischen Diskussion nimmt Schellings Offenbarungsphilosophie einen entscheidenden Platz ein. Für ihn ist Jesus das Subjekt-Objekt, ist Identität dieser beiden. Vor Jesus, in Zeiten des Griechentums also konnte Göttlichkeit nur

geschaut werden und der Mensch war ausgesetzt den Natur- und Göttergewalten (eine wunderbare Darstellung dieses mythischen Denkens findet sich bei Cassierer 1969). Jesus nun sei ein Mensch gewesen, welcher auch göttlichen Ursprungs war. Die Taufe zum Christentum nun sei eine Veränderung des Bewusstseins des Menschen dahingehend, daß er erkenne, daß auch er göttlichen Ursprung habe. Die Begrenztheit des Menschen werde nun also aufgehoben dadurch, daß er sich seiner potentiellen Göttlichkeit bewußt werde. Dieser Vorgang sei der wirklich entscheidende gewesen bei der Menschwerdung Jesu. Dies ermöglicht sodann auch das von Augustinus ‚abgeschaffte' ‚Paradies auf Erden'. Der Mensch muß also nicht warten, bis er Tod und erlöst von einem Gott ein Himmelreich zugestanden bekommt. Er kann aktiv daran arbeiten und sich seiner Göttlichkeit, d.h. seiner Möglichkeiten bewußt werden und dieses Paradies selbst gestalten. Hier ist Schelling seinem Zeitgenossen Hegel doch recht nahe. Die Hegel'sche Logik geht – ausgehend von der Logik Platons – aus vom Sein und vom Nichts. Die Negativität seiner Philosophie besteht darin, daß das was ist durch dieses Sein beschränkt ist. Gleichzeitig aber ist es das was es ist nur, da es anderes nicht ist. Dieses, was es nicht ist definiert das was es ist mit. Gäbe es den Gegensatz nicht, so gäbe es keine Individuation im konkreten Sein des Seienden. Diese Beschränkung nun kann aber im Durchgang durch das Nichts, durch das, was es nicht ist, aufgehoben werden. Darin nun liegt die Freiheit und Unendlichkeit des Seienden, daß erkennt, was es nicht ist und in diesem Durchgang Alles wird. Dieses, was es nicht ist entspricht in etwa dem Gedanken Schellings der Möglichkeiten dessen, was er über die Menschlichkeit des Menschen hinaus in seiner potentiellen Göttlichkeit ist. Das was der Mensch nicht ist kann er werden, kann sich in das, was ihn im Hegel'schen Sinne definiert, erheben und so göttlich werden. Für Hegel aber ist dieser Durchgang nicht unbedingt ein Werden durch das Nichts. Es ist allein das Bewusstsein von diesem, was es nicht ist, das das Seiende unendlich sein läßt. Letztendlich ist diese theologische Diskussion die endgültige Befreiung von der mittelalterlichen scholastischen Dogmatik, da sie auf dem Felde der Theologie oder der Logik selbst stattfindet. Unser modernes Verständnis des Menschen ist durch diesen Logos Hegels, bzw. die Identitäts- und Offenbarungsphilosophie Schellings fundiert.

Literatur

Abert, Hermann: Die **Lehre vom Ethos in der griechischen Musik: ein Beitrag zur Musikästhetik des klassischen Altertums**. 2. Aufl. Leipzig 1899.

Adorno, Theodor W.: Mahler. **Eine musikalische Physiognomik**. Gesammelte Schriften Band 13, Die musikalischen Monographien, Suhrkamp 149-320, (1963) 1997.

Argyris, John, Faust, Gunter & Haase, Maria: **Die Erforschung des Chaos**. Vieweg 1995.

Aristoteles: **Topik. Über die sophistischen Widerlegungsschlüsse**. Organon Band 1. Hans Günter Zekl (Hrsg., Übers.), griechisch-deutsch, Felix Meiner Verlag, Hamburg, 1997.

Aristoteles. **Kategorien. Hermeneutik oder vom sprachlichen Ausdruck**. Organon Band 2. Hans Günter Zekl (Hrsg., Übers.), griechisch-deutsch, Felix Meiner Verlag, Hamburg, 1998.

Aristoteles: **Erste Analytik, Zweite Analytik**. Organon Band 3/4. Hans Günther Zekl (Hrsg. und Übers.), griechisch-deutsch, Felix Meiner Verlag Hamburg, 1998.

Aristoteles: **Metaphysik. Bücher I(A) – VI(E)**. Horst Seidl (Hrsg.), Hermann Bonitz (Übers.),3. Aufl., griechisch-deutsch, Felix Meiner Verlag, Hamburg, 1989.

Aristoteles: **Metaphysik. Bücher VII(Z) – XIV(N)**. Horst Seidl (Hrsg.), Hermann Bonitz (Übers.),3. Aufl., griechisch-deutsch, Felix Meiner Verlag, Hamburg, 1991.

Aristoteles: **Über die Seele**. Horst Seidl (Hrsg.), Wilhelm Biehl & Otto Apelt (Übers.), griechisch-deutsch, Felix Meiner Verlag, Hamburg, 1995.

Aristoteles: **Poetik**. Manfred Fuhrmann (Hrsg. und Übers.), griechisch-deutsch, Reclam, Stuttgart, 1982.

Augustinus: **Musik**. Übertragen von Carl Johann Perl. Frühe Werke des heiligen Augustinus. 2. Auflage, Verlag Ferdinand Schöningh, Paderborn, 1940.

Cassirer, Ernst: **Die Begriffsform im mythischen Denken**. In: E. Cassirer: Wesen und Wirkung des Symbolbegriffs. Wissenschaftliche Buchgesellschaft, Darmstadt 1-70, 1969.

Clarke, F. Eric: **Categorical Rhythm Perception: An Ecological Perspective**. In: A. Gabrielsson (Hrsg.): Action and Perception in Rhythm and Music. Stockholm, Royal Swedish Academy of Music, 9-13, 1987.

Coseriu, Eugenio: **Geschichte der Sprachphilosophie**. A. Francke Verlag Tübingen und Basel, 2003.

Georgiades, Thrasybulos G.: **Sprache, Musik, schriftliche Musikdarstellung**. In: Archiv für Musikwissenschaft 14, 223-229, 1957.

Gjerdingen, Robert O.: **Categorization of Musical Patterns by Self-Organizing Neuronlike Networks**. In: Music Perception, Vol. 7, 4, 339-370, 1990.

Greiser, Heinz: **Nomos: Ein Beitrag zur griechischen Musikgeschichte**. Heidelberg 1937.

Grossberg, Stephen: **Studies of mind and brain: neural priciples of learning, perception, development, cognition, and motor control**. Reidel, Dordrecht 1988.

Gurwitsch, Aron: **Das Bewußtseinsfeld**. De Gruyter, Berlin 1975.

Harnoncourt, Niklolaus: **Musik als Klangrede: Wege zu einem neuen Musikverständnis**. 3. Auflage, Residenz Verlag, Salzburg 1983.

Hegel, Georg Friedrich Wilhelm: **Wissenschaft der Logik**. Erster Band. Hauptwerke in sechs Bänden, Band 3. Felix Meiner Verlag Hamburg (1832, 1813), 1999.

Hegel, Georg Friedrich Wilhelm: **Wissenschaft der Logik**. Zweiter Band. Hauptwerke in sechs Bänden, Band 3. Felix Meiner Verlag Hamburg (1816), 1999.

Hussey, Edward: **Heraklit**. In: Long, A.A. (Hrsg.): **Frühe Griechische Philosophie. Von Thales bis zu den Sophisten**. J.B. Metzger Verlag, Stuttgart, Weimar, 80-101, 2001.

Husserl, Edmund: **Logische Untersuchungen. Band I: Prolegomena zur reinen Logik.** 7. Auflage, Max Niemeyer Verlag, Tübingen (1900) 1993.

Husserl, Edmund: **Logische Untersuchungen. Band II/1: Untersuchungen zur Phänomenologie und Theorie der Erkenntnis.** 7. Auflage, Max Niemeyer Verlag, Tübingen (1900) 1993.

Jawanski, Jörg: **Ist C = Rot? Eine Kultur- und Wissenschaftsgeschichte zum Problem der wechselseitigen Beziehungen zwischen Ton und Farbe von Aristoteles bis Goethe.** Berliner Musik Studien 17. studio 1996.

Kant, Immanuel: **Kritik der reinen Vernunft 1.** Werkausgabe Band III. suhrkamp (1787) 1995.

Kant, Immanuel: **Kritik der reinen Vernunft 2.** Werkausgabe Band IV. suhrkamp (1787) 1995.

Kant, Immanuel: **Kritik der Urteilskraft.** Werkausgabe Band X. suhrkamp (1790) 1977.

Karbusicky, Vladimir: **Grundriß der musikalischen Semantik.** Wissenschaftliche Buchgesellschaft, Darmstadt 1986.

Keil, Charles & Feld, Steven: Music **Grooves. Essays and Dialogues.** 2. Auflage, University of Chicago Press, 2005.

Lasswitz, Kurd: **Geschichte der Atomistik vom Mittelalter bis Newton. Band I.** Zweite Ausgabe der Ausgabe Hamburg und Leipzig 1890, Georg Olms Verlag, Hildesheim, Zürich, New York, 1984.

Lasswitz, Kurd: **Geschichte der Atomistik vom Mittelalter bis Newton. Band II.** Zweite Ausgabe der Ausgabe Hamburg und Leipzig 1890, Georg Olms Verlag, Hildesheim, Zürich, New York, 1984.

Leibniz, Gottfried Wilhelm: **Monadologie und andere metaphysische Schriften.** Felix Meiner Verlag Hamburg, 2002.

Lipps, Theodor: **Grundtatsachen des Seelenlebens.** Verlag von Friedrich Cohen, Bonn 1912 (1883).

Lipps, Theodor: Ästhetik. **Psychologie des Schönen und der Kunst. Erster Teil: Grundlegung der Ästhetik.** Verlag von Leopold Voss, Hamburg und Leipzig, 1903.

Lipps, Theodor: **Ästhetik. Psychologie des Schönen und der Kunst. Erster Teil: Grundlegung der Ästhetik.** Verlag von Leopold Voss, Hamburg und Leipzig, 1903.

Lipps, Theodor: Ästhetik. **Psychologie des Schönen und der Kunst. Zweiter Teil: Die ästhetische Betrachtung und die bildende Kunst.** Verlag von Leopold Voss, Hamburg und Leipzig, 1906.

Lipps, Theodor: **Psychologische Studien.** 2. Auflage, Verlag der Dürr'schen Buchhandlung, Leipzig 1905.

Mansfeld, Jaap: **Die Vorsokratiker I. Milesier, Pythagoreer, Xenophanes, Heraklit, Parmenides.** Griechisch-deutsch, Reclam, Stuttgart, 1983.

Mansfeld, Jaap (Hrsg.): **Die Vorsokratiker II. Zenon, Empedokles, Anaxagoras, Leukopp, Demokrit.** Griechisch-deutsch, Reclam, Stuttgart, 1986.

Mansfeld, Jaap: **Heraklit.** In: J. Mansfeld (Hrsg.): Die Vorsokratiker I. Reclam, Stuttgart, 231-243, 1986.

Mansfeld, Jaap: Die Atomisten: **Leukipp und Demokrit.** In: J. Mansfeld (Hrsg.): Die Vorsokratiker II. Reclam, Stuttgart, 230-245, 1983.

Nikolaus von Kues: **Die belehrte Unwissenheit (De docta ignoratia).** Philosophisch-theologische Werke Band I. Felix Meiner Verlag Hamburg, 2002.

Platon: **Der Sophist.** Reiner Wieht (Hrsg.), griechisch-deutsch, übersetzt von Otto Apelt, Felix Meiner Verlag Hamburg, 1985.

Popper, Karl: **Logik der Forschung.** 1935.

Sachs, Curt: **Die Musik der Antike.** Akademische Verlagsgesellschaft Athenaion, Wildpark-Potsdam, 1928.

Spinoza: **Die Ethik.** Reclam Verlag, Stuttgart 2002.

Summers, Jefferey, J.: **The learning and transfer of multi-frequency patterns**. In: P. Desain & L. Windsor (Hrsg.): Rhythm Perception and Production. Swets & zeitlinger, 69-80, 2000.

Taylor, C.C.W.: **Die Atomisten**. In: Long, A.A. (Hrsg.): Frühe Griechische Philosophie. Von Thales bis zu den Sophisten. J.B. Metzger Verlag, Stuttgart, Weimar, 165-186, 2001.

Wolfram, Stephen: **A New Kind of Science**. Wolfram Media, Inc. 2002.

Gernot Gruber / August Schmidhofer / Michael Weber (Hrsg.)

Mehrstimmigkeit und Heterophonie

Bericht zur Tagung in Wien, 11. bis 12. Dezember 1999

Frankfurt am Main, Berlin, Bern, Bruxelles, New York, Oxford, Wien, 2005.
358 S., zahlr. Abb. und Tab., 1 CD
Vergleichende Musikwissenschaft. Herausgegeben von Franz Födermayr, August Schmidhofer und Michael Weber. Bd. 4
ISBN 3-631-50817-4 · br. € 56.50*

Begriffe wie Mehrstimmigkeit, Polyphonie und Heterophonie sind schon vor mehr als 100 Jahren auf der Grundlage des damaligen Kenntnisstandes von der Musik der Welt entwickelt worden. Sie sind in die verschiedenen Konzepte der vergleichenden bzw. systematischen Musikwissenschaft eingeflossen und haben hier eine breite Diskussion erfahren. Seither haben sich allerdings nicht nur das Musikleben, sondern auch die musikalischen Erscheinungen deutlich gewandelt und das Wissen über die Musik hat stark zugenommen. Daher erweisen sich die alten Termini heute vielfach als problematisch. Der Band gibt die Diskussion von der diesem Thema gewidmeten Tagung „Mehrstimmigkeit und Heterophonie: Prinzipielles und Anwendungen im Mittelmeerraum" wieder und ergänzt sie um weitere Beiträge.

Diese Schrift ist O. Univ. Prof. Dr. Franz Födermayr anlässlich seiner Emeritierung gewidmet. Franz Födermayr war von 1973 bis 1999 Inhaber des Lehrstuhls für Vergleichende Musikwissenschaft am Institut für Musikwissenschaft der Universität Wien.

Aus dem Inhalt: *R. M. Brandl*: Universale Basis-Definitionen von Mehrstimmigkeit, Polyphonie und Heterophonie aus Sicht der Vergleichenden Musikwissenschaft · *O. Elschek*: Begriffliche Differenzierungsmöglichkeiten der mehrstimmigen Singpraxis und Heterophonie · *R. Schumacher*: Heterophonie – ad infinitum? · *R. Flotzinger*: Mehrstimmigkeit und/als ars im Mittelalter · *C. Kaden*: Jenseits von modus durus und modus mollis · uvm.

Frankfurt am Main · Berlin · Bern · Bruxelles · New York · Oxford · Wien
Auslieferung: Verlag Peter Lang AG
Moosstr. 1, CH-2542 Pieterlen
Telefax 0041 (0)32/3761727

*inklusive der in Deutschland gültigen Mehrwertsteuer
Preisänderungen vorbehalten
Homepage http://www.peterlang.de

www.ingramcontent.com/pod-product-compliance
Lightning Source LLC
Chambersburg PA
CBHW070320020526
44117CB00032B/2226